新文京開發出版股份有限公司

NEW
WCDP

新世紀‧新視野‧新文京 — 精選教科書‧考試用書‧專業參考書

New Wun Ching Developmental Publishing Co., Ltd.
New Age · New Choice · The Best Selected Educational Publications — NEW WCDP

Basic Physics

基礎物理

王力行

胡振祿

卓達雄

編著

現今 5 奈米(nano meter)的積體電路為臺灣帶來了希望，但是 120 奈米的新型冠狀病毒(SARS-CoV-2)為世界兩億多受感染的人造成損傷，新型冠狀病毒拉開了人們的距離，也迫使我們去學習未知的事物。要跟上時代，除了工程學的學生，醫護類的學生及全國國民也一定要了解各種尺度下的物體。

物理的主要動機是改善和提高人類生活質量，物理知識的產生和積累是上述動機的結果。因此，本書將描述物理學的發展過程和重要性。隨著物理學各個分支的發展，人們發現物質的存在模式與運動模式之間存在聯繫，因此各個分支學科的相互滲透，物理學逐漸發展成為統一的整體。物理學家試圖找到所有物理現象的基本定律，以便以統一的方式理解所有物理現象。儘管這種努力已逐漸取得進展，但新的物理現象繼續出現，為了連接新世界，我們對「物理學」的基礎科學應更加重視。

本書基本上是依照 108 年教育部頒布十二年國民基本教育課程綱要自然科學領域「物理學」的架構書寫而成。本書在計算及生活運用都有相當的篇幅，也適合醫護食品群四技的同學使用，老師可以依照學生的程度來教學。閱讀本書後，應能實現以下目標：

1. 了解物理學的發展過程並漸漸熟悉其重要性。

2. 理解生活物理學討論的範圍及方向。

3. 了解各種尺度下的物體，並以科學符號表示，且會做各種科學符號的運算。

4. 了解物理學與醫學、自然科學、工程學和各種應用科學之間的關係。

王力行、胡振祿、卓達雄 謹識

目 錄

習題解答

掃描下載各章習題解答

導　論

1.1 物理的範圍

　　基礎物理學包括傳統學術分支領域：經典力學、聲學、光學、熱學及電磁學等。經典力學研究受力物體的運動狀況；牛頓定律是經典力學的基礎定律；運動學描述物體的運動，力學著重於論述位移、速度、加速度、力等等向量間的關係。聲學是研究聲音的製造、傳播、接收與效應的學術領域。光學專注於光的性質與行為。光在幾何光學裡被視為光線，能夠以直線移動，直到遇到不同介質時，才會改變方向。反射、折射等現象都可以用幾何光學的理論來解釋。光波能夠用來描述繞射、干涉、偏振等等現象。古希臘人磨擦琥珀與毛皮發現電荷。古中國人利用磁石發明指南針。經過研究，物理學者發現電和磁是電磁交互作用的兩種不同表現。物理學者的終極目標是找到一個完美的萬有理論，其能夠解釋大自然的一切本質。

　　物理學也是一門基於動手實驗的科學。任何物理理論都必須通過實驗進行測試，然後才能被接受。科學家在受控的環境中進行各種實驗，並記錄和組織觀察到的實驗結果。加以記錄、整理、歸納、分析和集成，以驗證我們在實驗之前的理論假設是否正確。物理的精確及極致是數學，經典力學、熱傳和電磁學都需數學，甚至大量應用微積分。但多數現代歷史學家都相信，牛頓為了計算天體運行發明了微積分學。

　　同時物理學對於人類文明有極為顯著的貢獻，由於電磁學的快速發展，電燈、電動機、電視機、手機、家用電器等新產品紛紛湧現。半導體、光電池、雷射、全球定位系統、發光二極體、核裂變、核磁共振等對於人類文明有重大的貢獻，皆是源於理論物理學者的突破。

1.2 物理量的表示

1.2.1 物理的單位

　　物理的發展也是歷盡辛苦與曲折，哥白尼的《天體運行論》在出版七十年後，危及了教會的統治，羅馬教廷於公元 1616 年把《天體運行論》列為禁書。

在歐洲，英國國王亨利一世(1068~1135)規定，以他的小腿長為一呎(ft)的長度做為單位，這單位無法使人們清楚地確定一致的長度，因此這單位不太適合科學計算。因為標準單位的制定必須考慮「精確性」、「便利性」、「不會隨時間變化」和「可再現性」等。在上述歷史背景下，物理學逐漸發展為「公制單位」。由專家和學者組成的委員會開始研究和制定標準單位。1791 年，法國革命政府採用了十進位制，1799 年開發了標準單位。拿破崙征服歐洲時，他將該單位制帶到歐洲國家進行推廣，長度的基本單位是沿著從赤道、巴黎到北極的經度線在地面上確定的千萬分之一，該基本單位稱為 1 公尺或米(meter)。在法國正式採用公制單位後，公制單位以科學為基礎提出鉑銥合金的公尺原器，接著以氪原子(^{86}Kr)所發出橘色光波長的 1650763.73 倍為 1 公尺，後又改成光在真空中經 1/299,792,458 秒所行走的距離。1889 年也製造出鉑銥合金的圓柱公斤原器。

SI(Standard International) 原訂義 1 秒為一天的 1/86400，1976 年又定義 1 秒為銫 133(^{133}Cs)在基泰的兩個超精細能階之間作躍遷時放出之電磁波週期的 9,192,631,770 倍的時間。

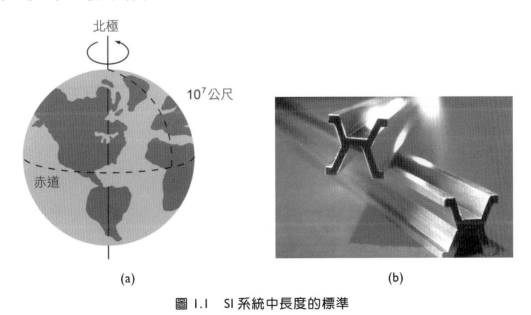

(a)   (b)

圖 I.I　SI 系統中長度的標準

圖片來源：http://upload.wikimedia.org/wikipedia/commons/b/bb/Platinum-Iridium_meter_bar.jpg

圖 1.2　SI 系統中質量的標準

表 1.1　簡單基本的物理量及單位

物理量名稱	英文名稱	單位之中文名稱	英文符號	單位之英文名稱
時間	Time	秒	S	Second
長度	Distance	公尺，米	m	Meter
質量	Mass	公斤，仟克	kg	Kilogram
溫度	Temperature	克氏絕對溫度	K	Kelvin
電流	Electric current	安培	A	Ampere
顆粒數	Number of particle	莫耳	mol	Mole
光度	Luminous intensity	燭光、流明	cd	Candela

1.2.2　輔助單位

1. 千進位單位與符號

表 1.2　輔助單位與符號

輔助符號	英文名稱	中文名	中文意義	代表意義
P	Peta	千兆	千兆	10^{15}
T	Tera	兆	兆	10^{12}
G	Giga	十億	十億	10^{9}
M	Mega	百萬	百萬	10^{6}
K	Kilo	千	千	10^{3}
D	Deci	寸	十分之一	10^{-1}

表 1.2　輔助單位與符號（續）

輔助符號	英文名稱	中文名	中文意義	代表意義
C	Centi	厘	百分之一	10^{-2}
m	milli	毫	千分之一	10^{-3}
μ	micro	微	百萬分之一	10^{-6}
n	nano	奈	十億分之一	10^{-9}
p	pico	皮	兆分之一	10^{-12}
f	femto	飛	千兆分之一	10^{-15}

以 meter（m，公尺，米）為例，圖 1.3 表示成 1 千萬倍的範圍。

◀── 人 眼 可 見 範 圍 ──▶

　　　　◀── 光 學 顯 微 鏡 可 見 範 圍 ──▶

　　　　　　◀── 電 子 顯 微 鏡 可 見 範 圍 ──▶

| 10m | 1m | 10cm | 1cm | 1mm | 100μm | 10μm | 1μm | 100nm | 10nm | 1nm |

DNA　氫原子

圖 1.3　1 千萬倍的範圍

若科學符號表示不方便或不足夠，加上輔助單位也可表示，例如磁碟片為 1.44MB，M 代表百萬(10^6)，藍光碟(blu disk)可存 20GB，G 代表十億(10^9)，2021 年硬碟已可存 8TB，T 代表兆(10^{12})。

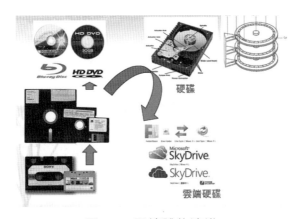

圖 1.4　記憶體的演進

2. 十倍數單位

鯨魚是恐龍的十倍，恐龍是的大象十倍，大象是斑馬的十倍，斑馬是鬣狗的十倍，鬣狗是螃蟹的十倍，螃蟹是的蚯蚓十倍，蚯蚓是螞蟻的十倍，螞蟻是的跳蚤的十倍。若以簡單分成第 1、第 2、第 3…，則必須使用 log10 為單位來形成十倍數單位。自然界或科學以 log10 為單位的有 pH 值（酸鹼值）、芮氏地震規模標準、聲音表示及聲音分貝(dB, decibel)的對數標度對聲壓的關係。

◎ 地震規模(Magnitude of earthquake)，簡稱規模，屬定量標準

芮氏規模是以 log10 來區分地震等級，簡單講（不按地表水平加速度區分）五級地震比四級所產生的振幅大約十倍。

以斷層滑動面積、震幅、滑動距離及其他因素方能計算。地震非常複雜，地震學家採用芮克特教授(Richter)在 1935 年所提出較簡便的地震規模來代表地震之大小，即所謂的「芮氏規模」(Richter Magnitude)。芮氏規模是以地震儀記錄查得地震波之時間差及震幅大小為基礎來計算地震之規模。地震規模 M 越大，其所釋放的能量 E 就越高，兩者更精確的關係如下：

$$\log E = (11.4 + 1.5M)$$

$$或\ E = 10^{(11.4+1.5M)}$$

以 2009 年秘魯大地震（規模 M＝7.9）和 2010 年甲仙大地震（規模 M＝6.4）來做比較：

$$E_{2009} = 10^{(11.4+1.5\times7.9)} = 10^{23.25} = 10^{(2.25+21)} = 10^{2.25} \times 10^{21} = 177.8 \times 10^{21}$$
$$= 178 \times 10^{21} = 1.78 \times 10^{23}$$

$$E_{2010} = 10^{(11.4+1.5\times6.4)} = 1 \times 10^{21}$$

$$E_{2009}/E_{2010} = 1.78 \times 10^{23}/1 \times 10^{21} = 178$$

故甲仙大地震所釋放的能量僅秘魯大地震的 1/178 而已。

以 2010 年 1 月 12 日海地大地震（規模 M＝7.0）和 2010 甲仙大地震（規模 M＝6.4）來做比較：

$$E_{2010112} = 10^{(11.4+1.5\times7.0)} = 10^{21.9} = 10^{(0.9+21)} = 10^{0.9}\times10^{21} = 7.94 = 10^{21}$$

$$E_{2010112}/E_{2010} = 7.94\times10^{21}/1\times10^{21} = 7.94$$

故甲仙大地震所釋放的能量僅海地大地震的 1/7.94。

厚薄計或測微計可測頭髮，紙張及纖維的厚度，對學生而言，這是進入毫米(mm)及微米(μm)，很好的入門。

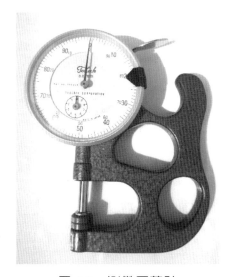

圖 1.5　測微厚薄計

1.2.3　**有效數字**

測量時取得一組準確的數字加上估計的數字，即為有效數字。例如：我們通常使用諸如米尺磅秤之類的測量工具，當測量落在兩個刻度之間的數字時，我們通常會估算一個數字，所以標尺上顯示的數字是準確的數字，而我們預估的便是估計的數字。

有效數字＝一組準確的數字＋一位估計的數字

例 1 有一束方人測量自己的體重，該體重秤上顯示為 60.52 公斤。該體重的最小刻度單位是多少？有多少個重要數字？

最後一位數字是估算值，因此 60.5 公斤是準確值，因此最小刻度為 0.1
公斤（千克）。

1.2.4　科學符號

在記錄數字中顯示非常大或非常小的數字（例如行星之間的距離或原子半徑的大小），因此會有很多零，例如：DVD 光碟有 4.7GB 記憶容量，或台積電 4 奈米製程。這種類型的號碼記錄非常不方便，並且在計算過程中容易出現錯誤。為了方便計算，它可以表示為 10 的冪。例如：1 億=10^8，4.7GB=47 億 =4,700,000,000=4.7×10^9Byte；1 奈米=10^{-9} 米(m)，4 奈米=4nm=4nano meter= 4×10^{-9} 米(m)=0.000000004m，該表示法稱為科學表示法。光的速度是 300,000,00 公尺／秒，可表示成 3×10^8 公尺／秒。新冠病毒大小是 0.00000012 公尺或是 120 奈米，也可表示成 1.2×10^{-7} 公尺，如此科學符號方便計算，科學符號以數學式表示成 $a \times 10^b$，$1 \le a < 10$，b 為整數。

表 1.3　一些物理量以科學符號表示

	量度結果以科學符號表示	一般符號
地球公轉週期（一年）	3.2×10^7 秒	365 天
金字塔年齡	5.2×10^{13} 秒	4,605 年
地球質量	6.1×10^{24} 仟克	
遠洋郵輪	7.2×10^7 仟克	
台積電五奈米製程	5.0×10^{-9} 公尺	
地球至太陽之距離	1.5×10^{11} 公尺	
聖母峰高度	8.8×10^3 公尺	8,849 公尺
臺灣武嶺高度	3.3×10^3 公尺	3,275 公尺
光的速度	3×10^8 公尺／秒	
碳或碳纖的電阻係數	3.5×10^{-5}mΩ	
木材的電阻係數	$10^8 \sim 10^{11}$mΩ	
石英的電阻係數	7.5×10^{17}mΩ	
水銀的熱膨脹係數	6.1×10^{-5}/℃	
玻璃的熱膨脹係數	9.0×10^{-6}/℃	
一度電（仟瓦小時, kWhr）	3.6×10^6 焦耳,Joules	

例 2 請使用科學計數法來計算以下問題：

1. $2.6 \times 10^8 \times (3.2 \times 10^{-7})$。

2. $5 \times 10^8 + 4 \times 10^7$。

3. $\dfrac{4}{12500}$

解

1. $2.6 \times 10^8 \times (3.2 \times 10^{-7}) = (2.6 \times 3.2) \times 10^8 \times 10^{-7} = 8.32 \times 10^{8+(-7)} = 8.32 \times 10$

2. $5 \times 10^8 + 4 \times 10^7 = 5 \times 10^8 + 0.4 \times 10^8 = 5.4 \times 10^8$

3. $\dfrac{4}{12500} = \dfrac{4}{1.25} \times 10^{-4} = 3.2 \times 10^{-4}$

習題

一、選擇題

(　) 1. 250c.c. 密度為 $8 \times 10^2 \text{kg/m}^3$ 的某液體其質量為　(A)300　(B)500　(C)200　(D)800　g。

(　) 2. 有 $2 \times 10^{-2} \text{m}^3$ 比重為 15 的某物體其質量為　(A)300　(B)500　(C)200　(D)800　kg。

(　) 3. $3 \times 10^3 \text{kg/m} = ?$ g/cm^3　(A)3×10^3　(B)3×10^2　(C)3　(D)30。

(　) 4. 某液體的密度 0.8g/cm^3，則 250c.c. 的此液體質量為若干公克？　(A)100　(B)150　(C)200　(D)250。

二、計算題

1. $5.6 \times 10^{-5} - 8 \times 10^{-7} =$

2. $5.6 \times 10^{-5} \div 8 \times 10^{-7} =$

3. $3.2 \times 10^{-5} \times 2 \times 10^{-3} =$

力　學

動物及人都有顯著的運動，如人發明的交通工具；物理研究的電磁波及光子；生物血管的血流；飛彈、飛機及星球運動；未來無人車及 10 倍音速飛彈的研究等，都須了解基本的運動定律。

2.1 位移($\Delta \vec{x}$)與路徑(l)

速度(Velocity)物體位置的移動量是位移(displacement)，物理定義為初位置劃向末位置的向量。向量一般以上標的箭頭「→」或粗字來表示，例如以 $\vec{x}$，$\Delta \vec{x}$ 表位移及位移差，$\vec{v}$ 表速度(Velocity)。

即　　$\Delta \vec{x} = \vec{x_2} - \vec{x_1}$

$\vec{v} = \Delta \vec{x} / \Delta t$

為了簡化向量符號，一般採用粗體英文或希臘符號代表速度等等，所以 v 代表 $\vec{v}$，平均速度 $\overline{v}$ 代替 $\overline{\vec{v}}$。

2.1.1 速度、速率、平均速度與瞬時速度

直線運動以速度表示最好，繞圈或曲折運動以速率表示最好，速度是向量，向量的加減法包含角度，所以兩向量（平面）或三向量（立體）互相作用，速度是較佳的表示方法。速率包含一堆曲折的路徑，所以常常是以平均速率表示。平均速率是只有大小沒有方向的物理量（純量）。

速度(Velocity)＝位移(displacement)/時間，即 $v = \Delta x / \Delta t$ 　　　　(2.1)

速率(Speed)＝路徑(path)／時間 $s = \ell / \Delta t$ 　　　　(2.2)

平均速度 $\overline{v} = (x_2 - x_1) / (t_2 - t_1)$

例 1 繞半徑為 500 公尺的湖跑一圈共用半小時，速度及速率是多少？

解 $\Delta \vec{x} = 0$，所以

由(2.1)速度 $\vec{v} = \Delta \vec{x} / \Delta t = 0$　　速度為 0

由(2.2)速率 $= l / \Delta t = 2\pi r / (30 / 60) = 2 \times 3.142 \times 500 / 0.5 = 3142 / 0.5$

$$= 6284 \, \text{m} / \text{hr} = 6.3 \, \text{km} / \text{hr}$$

例 2 一個學生 100 公尺只用 10 秒完成，則平均速度為多少？

解 平均速度 $\overline{\boldsymbol{v}} = (x_2 - x_1) / (t_2 - t_1) = 100\,公尺 / 10\,秒 = 10\,公尺 / 秒 = 36 \, \text{km} / \text{hr}$

表 2.1　生活中運動物體約略平均速度

運動物體	平均速度（公里／小時）
超級跑者	36
機車在城市	60
高速公路	100
高鐵	300
波音 747	1000
聲速	1200

　　物體與人的運動可進行物理探討，包含靜止、等速運動、等加速運動等。

2.1.2　靜止、等速運動、等加速運動

1. 物體不動為靜止，其 x-t，V-t，a-t 圖如下

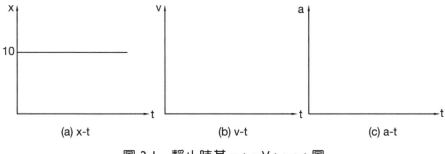

(a) x-t　　　　(b) v-t　　　　(c) a-t

圖 2.1　靜止時其 x-t，V-t，a-t 圖

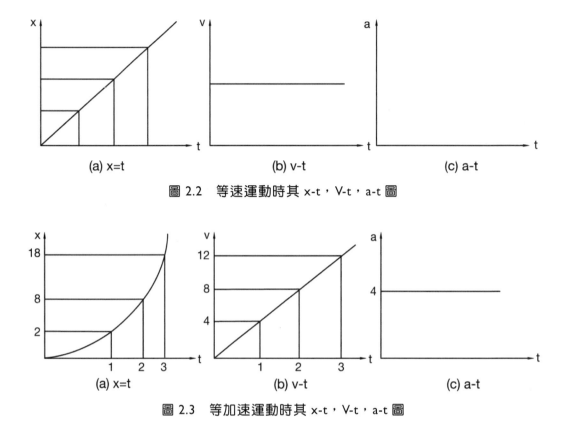

(a) x=t　　　(b) v-t　　　(c) a-t

圖 2.2　等速運動時其 x-t，V-t，a-t 圖

(a) x=t　　　(b) v-t　　　(c) a-t

圖 2.3　等加速運動時其 x-t，V-t，a-t 圖

　　瞬時速度是極短時間內的平均速度，像是體育老師左右手各拿一支碼錶，紀錄兩次時間，判斷學生的瞬時速度

$$v = \lim_{\Delta t \to 0} \frac{\Delta x}{\Delta t} = \frac{dx}{dt}$$

平均及瞬時加速度

$$平均加速度\bar{a} = \frac{末速度 - 初速度}{時間} = (v_2 - v_1)/(t_2 - t_1)$$

$$瞬時加速度\ a = \lim_{\Delta t \to 0} \frac{\Delta v}{\Delta t} = \frac{dV}{dt}$$

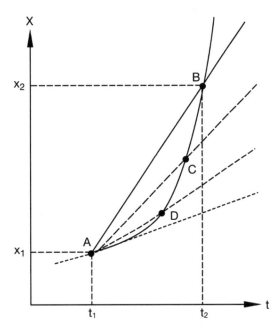

圖 2.4 曲線的斜率就是該點瞬時速度

若一運動量測結果如下

x	0	5	20	45	80	125	180	245	320	405
t	0	1	2	3	4	5	6	7	8	9

換成距離與時間關係式是 $x = 5t^2$

瞬時速度 $= 10t$

瞬時加速度 $= 10$

瞬時速度及瞬時加速度以方程式來求最簡單。

小補貼：

可以用微分符號 $\dfrac{df(t)}{dt}$ 表示 $\lim\limits_{\Delta t \to 0} \dfrac{\Delta f(t)}{\Delta t} = \lim\limits_{\Delta t \to 0} \dfrac{\Delta x}{\Delta t}$

v 可表示成 $v(t) = \dfrac{dx}{dt}$　　　　　　　　　　　　　　　　(2.3)

如 $\dfrac{d}{dt}(5t^2) = 10t$

$v = 10t$　　$a = \lim\limits_{\Delta t \to 0} \dfrac{\Delta v}{\Delta t} = \dfrac{dv}{dt} = \dfrac{d(10t)}{dt} = 10$

2. 等加速運動

　　若瞬時加速度等於常數，我們稱之等加速運動，圖形如下

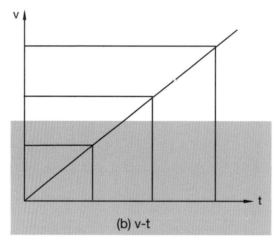

圖 2.5　等加速運動的圖形

$$平均加速度 \ \bar{a} = \frac{末速度-初速度}{時間} = (v_2 - v_1)/(t_2 - t_1) \tag{2.4}$$

則 $a = \bar{a}$

令 $t_1 = 0, \ t_2 = t, \ V_2 = V, V_1 = V_0$，則

$$a = (V - V_0)/(t - 0)$$

得 $V = V_0 + at \tag{2.5}$

S 代表位移

$S =$ 平均速度乘以時間

$$S = \left(\frac{v_0 + v}{2} \right) t$$

$$S = x - x_0 = V_0 t + \frac{1}{2}at^2 \tag{2.6}$$

(2.6)帶入(2.5)可得末速度平方

$$v^2 = v_0^2 + 2aS \tag{2.7}$$

例 3　一汽車沿直線公路由靜止以 $1.5\,\text{m/s}^2$ 的等加速度起動，12 秒後以等速度運動行駛，再經 10 秒後以 $-2\,\text{m/s}^2$ 的加速度開始煞車至停止，求全程中汽車行駛的距離？

解　加速時以公式(2.4)帶入運動距離 $x = 0 \times 12 + (1/2) \times 1.5 \times 12^2 = 108\,(\text{m})$

等速行駛的速度 $v = 1.5 \times 12 = 18\,(\text{m/s})$

運動距離 $x = 18 \times 10 = 180\,(\text{m})$

煞車歷時 t 秒，　$0 = 18 + (-2)t \rightarrow t = 9$ 秒

運動距離 $x = (1/2) \times (18 + 0) \times 9 = 81\,(\text{m})$

全程共 $108 + 180 + 81 = 369\,(\text{m})$

例 4　甲、乙兩車相距 6m，甲車在前，以 5m/s 之速度等速前進，乙車在後，由靜止開始以 2m/s^2 之加速度追趕之，則幾秒後甲車即被趕上？

設經過 t 秒後乙車追趕上甲車，　$X_{甲} + 6 = X_{乙}$

帶入公式(2.4)

$5t + 6 = (1/2) \times 2 \times t^2$，

$t^2 - 5t - 6 = 0$

$(t - 6)(t + 1) = 0$

$\therefore t = -1$（不合）或 $t = 6s$

例 5　球在 19.6 m 的高度處自由下落，請問：(1)球落地需要多長時間？(2)球觸地的速度是多少？(3)若自 20 公尺之高度以 5(m/s)水平丟出一個 5 元銅板，落地的速度為？

$S = y - y_0$

使用公式（2.6）可得 $y - y_0 = V_0 t + \dfrac{1}{2}at^2$

$y - y_0 = 19.6\text{m}$　$V_0 = 0$，$a = g = 9.8\,\text{m/s}^2$

(1) $19.6 = (1/2) \times 9.8 \times t^2$，因此 $t = 2$ （秒）。

(2) 根據(1)的結果，然後使用公式(2.3)，我們可以獲得：

$V = g \times t = 9.8 \times 2 = 19.6$　所以當球撞擊地面時的速度為 19.6m/s。

(3) V_x 及 V_y 兩向量相加，兩向量夾角 90 度，由畢氏定理

$V = (V_x^2 + V_y^2)^{1/2} = (5^2 + 19.6^2)^{1/2} = \sqrt{409} = 20.2 \text{(m/s)}$

2.2　牛頓力學

　　物體為什麼會動？古希臘人見到「推」或「拉」動作可以使物體運動，並且當物體不受推或拉的作用時都會靜止不動，便假定「推」或「拉」的作用是使物體運動的原因，且將「推」或「拉」的作用稱之為力(force)。亞里斯多德 (Aristotle, 384~322B.C.)認定要在地面物體施加固定的力，否則所有物體都是靜止不動的。

　　為了解釋這些現象，亞里斯多德將運動分成三大類：一類是地面物體的運動，必須不斷受到力的作用；另一類是自由落體的運動，這是因為（當時人們認為）地球是宇宙的中心，並且萬物都有趨向於宇宙中心的特徵；另一類是天體的運動，這是因為天體的物質不同於地球的物質問題（亞氏認為），應該遵循不同的運動規則。

　　現在我們知道亞里士多德的概念是錯誤的，但是他的誤解延續了兩千多年的時間。直到十七世紀的伽利略和牛頓(Isaac Newton, 1642~1727)才找到了正確的答案，力是物體運動狀態變化的原因，也就是物體產生加速度的原因。因此，要使靜止的物體運動，使運動的物體靜止或改變運動速度，都必須要是有力的作用，但是物體仍然可以在沒有力的作用下運動。

　　當我們知道力是使用物體改變運動狀態的原因之後，不難推斷：當物體不受外力影響時，必定不能改變其運動狀態；原靜態必是恆靜態的，並且原始運動必保持其恆速率的線性運動；這種關係稱為牛頓運動的第一定律，根據該定律，可以推斷出所有物體都具有保持其運動的特性，該特性稱為慣性(inertia)。當我們理解慣性的含義之後，不難理解牛頓第一定律所描述的現象實際上是慣性的必然結果。實際上，在牛頓之前，伽利略就曾研究物體在傾斜平面上的運

動，並基於他的高度想像力推論出一種現象，牛頓第一定律也稱為伽利略的慣性定律(law of inertia)。

1. 牛頓第一運動（慣性）定律：物體所受外力和為零時，靜者恆靜，動者恆做等速度直線運動。

2. 牛頓第二運動定律：若物體的質量為 m，加速度為 a，則此物體所受的力(Force, F)成與 m 或 a 正比，即 $F = ma$。

3. 牛頓第三運動定律：凡有一個作用力的產生，同時必有一個反作用力，二者大小相等，方向相反，作用在同一直線上，且作用力與反作用力，同時產生同時消失。好像划獨木舟用槳葉向後滑水船會向前，穿溜冰鞋互推，都可感覺反作用力的存在。

2.3　靜力學

2.3.1　力矩的平衡

在物理學裡，作用力促使物體繞著轉動軸或支點轉動的趨向，稱為力矩 τ（torque 或 moment），也就是扭轉的力。轉動力矩又稱為力臂。力矩能夠使物體改變其旋轉運動。推擠或拖拉涉及到作用力 F，而扭轉則涉及到力矩 τ。力矩是使物體繞支點產生旋轉效應的物理量。

$$\vec{\tau} = \vec{F} \times \Delta \vec{p}$$

力矩＝力×力臂

或 $\tau = F \times d \times \sin \theta$

施力的方向和物體的夾角 90 度時，$\sin 90° = 1$ 產生轉動的效果最大。力矩越大，產生轉動的效果越大，即表示物體越容易轉動。力矩與施力的大小 F 及力臂 d 的長短有關，但與物體的種類無關。靜力平衡時不但必須合力 ΣF 為零，對任意軸的何外力矩 $\Sigma \tau$ 為零。

2.3.2 槓桿原理

阿基米德說過：「只要給我一個支點，給我一根足夠長的槓桿，我也可以推動地球。」當然，沒有人拿得出這麼長的槓桿，所以，阿基米德雖說在吹牛，但也沒人反駁得了。阿基米德利用槓桿原理，造過一個機械，它讓國王能輕鬆的用一隻手，就把一艘船拉上岸，讓全國百姓佩服得五體投地。

當一個系統靜止平衡時，作用在系統上的各力矩總和為零，這種現象稱為槓桿原理。槓桿是一種簡單機械，一根結實的棍子（最好不會彎又非常輕），就能當作一根槓桿了。下圖中，方形代表重物、圓形代表支持點、箭頭代表用力點。槓桿原理的應用，分為以下三種：

一、第一種槓桿

圖 2.6　第一種槓桿

支點位於施力點與重物之間。剪刀、老虎鉗、翹翹板就是利用這種槓桿。如果施力臂長，抗力臂短，那就是省力工具。反之就是費力工具。如果施力臂等於抗力臂，那這工具不省力也不費力。

二、第二種槓桿

圖 2.7　第二種槓桿

抗力點位於支點及施力點之間。手推車、開瓶器、搾汁器、胡桃鉗、裁紙刀就是利用這種槓桿。這種槓桿，施力臂長，抗力臂短，永遠是省力的，所以可以用較小力量舉起或移動較重的重物。

三、第三種槓桿

圖 2.8　第三種槓桿

施力點位於支點及抗力點之間。鑷子、筷子、掃帚就是利用這種槓桿。

這種槓桿，施力臂短，抗力臂長，永遠是費力的。而它的優點是省時。

如果我們分別用花剪（刀刃比較短）和洋裁剪刀（刀刃比較長）來剪紙板，花剪較省力但是費時；而洋裁剪則費力但是省時。

2.4　摩擦力

兩固體表面之間的摩擦力與正向壓力成正比，這個比值叫做摩擦係數。摩擦係數由滑動面的性質、粗糙度和（可能存在的）潤滑劑所決定。滑動面越粗糙，摩擦係數越大。

1. 靜摩擦力

正向力 N：兩物體在接觸面間產生一互相垂直的壓迫力量，稱為正向力。

最大靜摩擦力 f_s：與兩物體間正向力成正比，即 $f_s = \mu_s N$

表 2.2　物質的摩擦係數

物質	靜摩擦係數 μ_s	動摩擦係數 μ_k
鎳－鎳	1.10	0.53
鋼－鋼	0.74	0.57
Teflon-Teflon	0.04	0.04
輪胎－結冰路面	0.3	0.02
輪胎－濕滑路面	0.7	0.5
輪胎－乾燥路面	1.0	0.7
冰－冰	0.05	0.04
木－木	0.50	0.34

2. 動摩擦力

$f_k = \mu_k N$ 且與接觸面間的相對速度無關。 μ_k 稱為動摩擦係數

物體間的摩擦係數分為兩種，一種是滑動摩擦係數，另一種為最大靜摩擦力係數，在數值上，後者略大於前者。另外，如果兩物體間的相對速度較大，那麼滑動摩擦係數還和相對速度大小有關。

靜摩擦係數通常用摩擦角法測定：將兩物體中的一個傾斜放好做為斜面，讓另一物體沿斜面滑下，逐漸減小傾角 θ 至上面的物體可以勻速下滑，再根據公式： $mg\sin\theta = \mu mg\cos\theta$ ，得： $\mu_s = \tan\theta$ 。（ θ ：摩擦角）

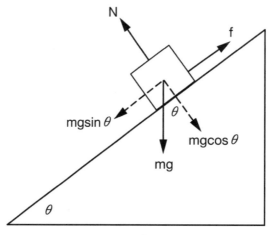

圖 2.9　靜摩擦係數的測定

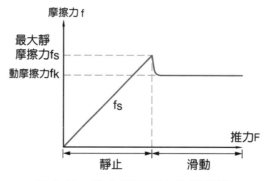

圖 2.10　外力與摩擦力的關係圖

N 為正向力和拖行表面垂直 $N = F\cos 0° = F \times 1 = F$

$$f_s = \mu_s \times N = \mu_s \times F \tag{2.8}$$

$$f_{k=} \mu_k \times N = \mu_k \times F \tag{2.9}$$

例 6 重量 50 牛頓的物體置於水平桌面上，設接觸面之靜摩擦係數 μ_s 為 0.5，動摩擦係數 μ_k 為 0.3，今施一拉力 F，問在 $F = 20$ 牛頓的情況下，摩擦力為 (1)10 (2)20 (3)15 (4)40 (5)25 牛頓？

解 $fs = \mu s$，$F = 0.5 \times 50 = 25$ 牛頓，$F = 20$ 牛頓，未超過 $f_s = 25$ 牛頓，應選 (5)。

例 7 續上題若 $F = 30$ 牛頓，則摩擦力為 (1)10 (2)25 (3)15 (4)40 牛頓？

解 $F = 30$ 牛頓超過 $f_s = 25$ 牛頓，滑動產生 $f_k = 50 \times 0.3 = 15$ 牛頓，應選(3)。

　　生活中許多簡單的事情為減少摩擦的例子還不少，像是門的鉸鍊活頁、接在輪胎的彈珠或軸承、兒童的滑梯都要減少動摩擦。但是複雜如膝關節，如果膝關節之間沒有靜摩擦，則不能站立也不能走路，外部的肌肉可以固定膝關節並利用靜摩擦保持站立狀態，動摩擦保持運動狀態；膝關節的滑液處理可減少動摩擦所造成的關節磨損機會，由於膝關節老化而導致的滑液減少，可注射玻尿酸作為滑液，如果外部的肌肉退化，無法有效固定關節，就會在內部長出骨刺來幫忙固定，因此會造成不適感。

　　在晴天，輪胎花紋會增加摩擦係數，於是增加摩擦力維持穩定。但在陰雨天氣下，無花紋的跑車胎或老舊輪胎與路面之間有水膜，不但摩擦力減小且無法操控，剎車時滑動距離變遠，滾動也無法著力，摩擦變得較沒效果。雨天時，新輪胎擠壓道路上的雨水，將雨水擠入花紋中向後排出，因此增加摩擦係數或是附著係數。附著係數高的路面，車子不容易打滑，行駛安全。排水花紋胎(aqua tread tires)就是利用此原理防止輪胎及車打滑。增大輪胎的寬度不會改

變摩擦，因為摩擦與接觸面積的大小無關。如果增加車輪的寬度有效，則是因為輪胎的重量增加，則正向力將增加，摩擦也將隨之增加。

例 8　埃及的金字塔是由 260 萬塊，每塊至少重 2.5 公噸的大石塊所堆砌建造而成。建造金字塔的方法，據推測是工人先建造一個斜坡，再利用斜面將石塊推至高處，然後置放到金字塔內的固定位置，且斜坡底與高的比例約為 10：1。石塊間的靜摩擦係數為 0.5，動摩擦係數為 0.25，試計算工人在斜面上欲將石塊往上拉動，最少需施力若干公斤重？當石塊在斜面上移動時，工人最少需施力若干公斤重，才能將石塊持續往上拉動？

解　因為斜面的比例為 10:1（θ 為斜面底角）

即 $\tan\theta = 0.1$，$\sin\theta = 0.1$，$\cos\theta = 0.99$

石塊所受的重力為 2.5 公噸重，所受的斜面正向力 N 為 $2.5 \times 0.99 = 2.48$（公噸重）

則靜摩擦力：$f_s = 2.48 \times 0.5 = 1.24$（公噸重）；

動摩擦力：$f_k = 2.48 \times 0.25 = 0.62$（公噸重）

2.5　虎克定律

$$F = kx \tag{2.10}$$

此為著名的虎克定律(Hooke's law)，是17 世紀英國羅伯特・虎克以彈簧實驗結果而命名，常數 k 稱為彈簧常數(spring constant)；或力常數(force constant)只與彈性體本質、形狀有關，用以評量彈簧的軟硬程度，彈簧越硬 k 值越大；也就是說，在某固定位移下，k 值越大的彈簧，其拉或推的力量會越強。k 值的 SI 制單位為牛頓／公尺。虎克定律在磅秤製造、應力分析和材料模擬等方面有廣泛的應用。

　　還有一些材料在任何情況下都不滿足虎克定律（如橡膠），這種材料稱為「非虎克型」(non-hookean)材料。橡膠的剛度不僅和應力水平相關，還對溫度和載入速率十分敏感。

2.6 空氣阻力

　　物體如汽、機車及單車在空氣中運動的時候，空氣會對騎士施以空氣阻力。空氣阻力，簡稱風阻。風阻與有效迎風接觸面積、前進速度的平方以及阻力係數成正比。汽、機車有引擎提供動力，但也考慮風阻，在販賣車時常提供風阻係數；騎單車比賽力竭騎不動時，則需減少摩擦阻力及風阻。當速度增加 1 倍時，測試阻力約增加 3 倍；所以假設當速度增加 1 倍時，風阻變成原先的 4 倍。

　　先不考慮車輛摩擦等其他阻力，假設以 25 公里／小時正面迎風騎乘，所受的空氣阻力大約為 15 牛頓（牛頓，Newton, N；是一種力量單位，提起 1 仟克的物質所需的力量大約等於 9.8 牛頓）。因此你的腿只要施力超過 15 牛頓，就可以維持這一個速度前進，但如果想要加速 1 倍到 50（公里／小時）時，就需要面對 60 牛頓的空氣阻力，你的腿必須要提供 4 倍的力量才行。

　　如果想以 25 公里／小時前進，當無風的時候需要出 15 牛頓的力量，在順風 15 公里／小時（2 級設為微風，臉感覺有風，樹葉搖動）的情況下，對於空氣的前進速度只有 10 公里／小時 (25−15＝10)，所以只要出 2.4 牛頓（25 公里／小時）的力量就可以，但在逆風 15 公里／小時，相對於空氣的前進速度是 40 公里／小時 (25＋15＝40)，所需要的力量也由 15 牛頓增加到 38.3 牛頓（25 公里／小時）。你的腿必須要提供 2.6 倍的那麼多力量才行。這就是逆風與順風騎車時，感覺的差別。事實上，15 與 25 公里／小時都是平常騎單車時常會遇到的情形，不算很強的風，如果用風速討論可能比較難體會，舉個實際例子，大家可以想像一下淡水或恆春冬季起風時，大部分都超過 40 公里／小時。

2.7 重力和重力場線

牛頓由天體運行及地面上自由落體的現象研究推論出，在任意兩個物體之間具有相互吸引力。該力的方向沿著兩個物體質心的連線上。牛頓稱這種力為萬有引力。力的大小與兩個物體的質量的乘積成正比，與其距離平方成反比。這種關係稱為萬有引力定律(Law of universal gravity)。假設兩個物體的質量方向分別為 m_1 和 m_2，距離為 r，則萬有引力定律可寫為

$$F = G(m_1 m_2 / r^2) \tag{2.11}$$

式中，F 是互相的引力，G 是萬有引力常數(Constant of universal gravitation)，由卡文迪西(Henry Cavendish, 1731~1810)使用扭力平衡法測量石英絲的扭轉之角度，計算得出為

$$G = 6.67 \times 10^{-11} 牛頓米 ^2 ／公斤 ^2$$

在地球和其表面上的各種物體之間也有一引力，該物體具有墜落到地面的加速度，地球在該物體上的引力稱為重力，或物體的重量。

由於重力加速度的值，取決於位置，可以看出同一物體的重量由其位置決定。由該位置確定的物理重量稱為場量（數量），以及場數量所在的空間被分布的稱為場(field)；重力是視場的大小，分布重力的空間稱為重力場（重力場）。

在重力場中，每單位重力質量的物質所受之重力稱為引重力場強度(Intensity of gravitational field)。

當重力質量 m 的物體在重力場中的某個位置承受重力 F 時，則該重力場的強度為

$$g = F / m \tag{2.12}$$

根據公式(2.11)，地球質量是 m，物體到地心的距離是 r，物體和地球之間的重力可以表示為

$$F = G(Mm / r^2) \tag{2.13}$$

根據(2.12)，$F = mg$ 所以 $mg = GMm / r^2$

於是地球表面以外的重力場強度為

$$g = GM / r^2 \tag{2.14}$$

即位於表面外任意點的重力場強度 g 表面不是固定值（但我們通常將其視為表面附近的固定值），而是相對於「地球中心」距離 r 與平方成反比。當 $r \to \infty$ 時，g 等於零，這意味著該位置已經超出了地球的重力範圍，此外(2.14)的關係不僅適用於地球表面以外的重力場，也包括任何質點或均勻球體周圍的引力場，但不適用於該球體中的引力場強度。如果均勻球體的直徑為 a，則引力場之間的關係：

地球的質量 M 為 5.98×10^{24} 公斤，半徑 r 為 6.38×10^6 公尺，地面附近的重力加速度是多少？

將物體在地面的質量設置為 mkg，然後重力加速度 $g = GM / r^2$ 　則

$$g = 6.67 \times 10^{-11} \times 5.98 \times 10^{24} \div (6.38 \times 10^6)^2 = 9.8$$

$\therefore g$ 為 9.8 公尺／秒 ^{2}

2.8　大氣壓厘米和水銀柱高

壓力是單位面積(A)的力(F)。即 $P(pressure) = F / A$。壓力在 MKS 制中單位為牛頓／平方公尺(N/m^2)；此單位也被稱為帕斯卡(Pascal)簡稱帕(Pa)，此外還有各種常見的壓力單位，例如大氣壓(atm)、厘米－水銀柱(cm-Hg)、毫米－水銀柱(mm-Hg)、毫巴(mb)、psi（pound square inches，每平方英尺的磅數）等等。

$$\begin{aligned} 1 \text{ 巴(bar)} &= 1 \times 10^3 \text{ 毫巴(mb)} \\ &= 1 \times 10^5 \text{ 帕(Pa)} \\ &= 1 \times 10^5 \text{ 牛頓／平方公尺}(N/m^2) \end{aligned}$$

最簡單的壓力表示是毫米－水銀柱，$P = pgh = 13.6 \times 9.8 \times 760 = 101292 \text{ N} / m^2 (Pa)$

大氣成分中氮約占 78.1%，氧約占 20.9%，其餘總合約占 1.0%。大氣層是從地球表面向上延伸的空氣層，空氣越高，空氣越稀薄。大氣中的大多數空氣分子聚集在距地面約 32 公里的範圍內。

它們是由地球的重力產生的，並作用於地球的表面。並從地球表面向上延伸的氣缸。氣缸中空氣的重量和施加在橫截面 A 上的垂直力為 F。那麼，在地球表面上，空氣分子在單位面積上的垂直作用力就是大氣壓力 P，$P = F / A$；大氣壓的單位通常用大氣壓(Atomsphere, atm)。每天提到的大氣壓(1atm)定義為緯度 45 度的海平面上，溫度 0°C時的大氣壓稱為一標準大氣壓。

標準大氣壓的轉換關係如下：

$$1atm = 76cm\text{-}Hg = 760mm\text{-}Hg = 760torr$$
$$= 1.013 \times 10^5 pa = 1013mb$$
$$= 1.013 \times 10^5 N / m^2$$
$$= 14.7psi$$

2.9 壓力與高山症

大氣壓力將隨著海拔的升高而降低。當空氣壓力降低時，自然界中的氧分壓降低，這將影響人體中氧氣的供應並在人體中引起不適的生理反應。以爬山為例，在大氣壓下降的初始階段，人體會呼吸急促、心跳加快，以補充氧氣的缺乏；在較高的水平下，大氣壓力變薄，並且人體將遭受腦缺氧、頭部容積、頭痛、疲勞、噁心、嘔吐和其他症狀。在嚴重的情況下，會發生神經系統疾病，會出現肺水腫和昏迷，這就是通常所說的「高山症」。

表 2.3　海拔與氣壓之間的關係與對人體的影響

高度（英尺）	氣壓毫米－水銀柱(mmHg)	缺氧效應
0	760（1 個大氣壓）	
5,000	632（0.83 個大氣壓）	夜視能力弱
10,000	523（0.69 個大氣壓）	頭痛、頭暈、疲勞
14,000	446（0.58 個大氣壓）	冷漠、記憶力和判斷力喪失
17,000	395（0.52 個大氣壓）	嚴重失能、精疲力竭
20,000	349（0.46 個大氣壓）	失去知覺、死亡

資料來源：http://freebsd5.psjh.cy.cdu.tw/~chemphy/complement/2/2-2/mountain.htm

2.10　壓力與潛水症

　　表 2.4 是深度、壓力與肺部容積壓力之間的關係，會隨著海水深度的增加而增加，呼吸系統中的肺部容積會隨著壓力的增加而減少，這種變化會導致人體生理發生變化，一般而言，每 10 公尺的海水深度，壓力將增加一大氣壓。在高壓環境下，人體組織容易被氮氣飽和；當它返回到一個大氣壓時，體內的過量氮氣將隨著呼氣而被排出，但是氮氣的排出過程很慢。如果從高壓狀態返回到標準大氣壓環境的速度太快，則累積的氮氣不能通過肺從體內排出，殘留在體內的氮氣將膨脹形成小氣泡，這些氣泡將通過血液流動擴散到整個身體，從而阻塞血液流動，形成氣栓並觸發病症。在嚴重的情況下，可使人殘疾或死亡，這就是減壓病，通常被稱為「潛水症」。

表 2.4　深度、壓力與肺容積的關係

深度(m)	壓力(atm / mmHg)	肺容積（理論上）ml
海平面	1/760	6000
10	2/1520	3000
20	3/2280	2000
30	4/3040	1500
40	5/3800	1200
50	6/4560	1000
60	7/5320	857

資料來源：http://web.cc .ntnu.edu.tw /～andescheng / EPCh13.pdf

　　氣壓的變化會影響到人體的生理健康和心理變化，在高壓環流的氣候中，空氣較為乾燥，灰塵、花粉、孢子和其他過敏原會影響呼吸系統並引起支氣管炎和哮喘；在低壓循環的氣候中，空氣潮濕多雨，神經系統疾病（例如頭部疼痛、類風濕性關節炎）、心血管疾病（例如高血壓、中風、冠心病）和免疫系統疾病較易發作（例如濕疹、蕁麻疹、牛皮癬）。氣壓的變化也會影響人們的注意力，工作能力和邏輯思維能力；甚至導致焦慮、躁動、恐懼、攻擊性、神經質、抑鬱和其他情緒反應。學術研究發現，氣壓低時，人體的生理和心理容易受到影響。

2.11 高壓蒸汽滅菌器

　　高壓蒸汽滅菌器(autoclave)是一種非常有效的物理滅菌設備。殺菌時間短，對環境無毒。施加高壓和高溫期間水分子的滲透性使細菌能夠在濕熱的作用下凝結並變性細菌中的蛋白質，從而達到消除微生物的目的。

　　高溫高壓滅菌釜的工作環境是高溫高壓，因此容器材料是耐熱的。對耐壓性有更高的要求。通常工作溫度在 115~134℃之間，並且持續時間從達到設定溫度後開始起算 30~33 分鐘。

　　儘管高溫高壓殺菌方法可以快速殺死細菌，但仍然受溫度、高壓蒸汽持續的時間、細菌類型的影響。表 2.5 滅菌壓力，溫度與時間的關係指出壓力越高，工作溫度越高；殺菌時間越短；另外，注意滅菌量，滅菌量大時，需要增加時間。

表 2.5　滅菌壓力，溫度與時間的關係

壓力(atm)	錶壓力(Kg/cm²)	溫度(°C)	時間（分鐘）
1.7	0.71	115.0	30
2.0	1.10	121.0	20
2.4	1.41	126.0	15

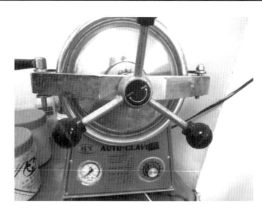

圖 2-11　高壓蒸汽滅菌器

　　滅菌結束後，停止加熱，但必須等待壓力指示，等待壓力表指示壓力降至零。才能釋放壓力，並釋放容器中的蒸汽，使容器中的壓力等於大氣壓力，在溫度下降到接近室溫時，再打開滅菌容器。

2.12 高壓氧氣治療

高壓氧治療(Hyperbaric oxygen therapy, HBOT)乃醫學上利用高壓的純氧來提供治療的方式。傳統高壓氧治艙是硬殼的，此類的高壓艙可提供 600 千帕或等同於 85psi（每平方英吋磅數）的壓力，相當於 6 個大氣壓。可改善組織缺氧，減少組織水腫，促進傷口癒合，增強白血球的殺菌能力，並加速患處的癒合。適用於高壓氧氣治療的治療處方包括：減壓病（潛水病）、急性空氣栓塞、一氧化碳、氰化物和氣體中毒，以及難以癒合的傷口，例如：開完刀的傷口或糖尿病足，放射線造成的軟組織壞死或骨頭壞死；可運用在牙醫學，例如：植牙／全口植牙等牙科治療，可加速牙齦傷口癒合；可改善失眠症狀，會較好睡；可減輕各式自閉症／亞斯伯格症的症狀；厭氧壞疽病和厭氧細菌感染；壞死性軟組織感染和混合性感染；慢性複發患者手術或抗生素治療失敗的骨髓炎；四肢壓迫伴有損傷出血、急性燒傷、放射性骨壞死、輸血等治療後無效的放射性膀胱炎；放射性腸炎合併大量出血和其他高壓氧氣療法。

處理時間為 60~120 分鐘，處理頻率根據病情而變化。須經過專業的高壓氧醫生評估後，應制定適當的治療程序。從事高壓氧治療的醫務人員，必須對高壓艙可能的潛在危險性，以及患者治療期間可能發生的各種併發症的預防和處理有深入的了解。

習題

選擇題：

(　　) 1. 某人向南運行 10m 再向西運行 6m 最後向北運行 18m，則其位移為若干？　(A)10　(B)15　(C)20　(D)25　m。

(　　) 2. 若費時為 5sec 求某人運行的速率為　(A)2.4　(B)3.6　(C)5.2　(D)6.8　m/sec。

(　　) 3. 由原點觀察某的所在位置為　(A)西偏南 37 度　(B)西偏北 37 度　(C)西偏南 53 度　(D)西偏北 53 度。

(　　) 4. 已知質點在做直線運動，其位置與時間的關係為 $x(t) = 5 - 6t + t^2$(m)，求第 2~5 秒的平均速度？　(A)1m/s　(B)-1m/s　(C)3m/s　(D)-3m/s。

(　　) 5. 承上題，求第 2~5 秒的平均加速度？　(A)0　(B)-2　(C)2　(D)4　(m/s^2)。

(　　) 6. 已知質點的速度方程式為 $v(t) = -6 + 2t$(m/s)，求第 4 秒的瞬時速度？　(A)0m/s　(B)-2m/s　(C)2m/s　(D)4m/s。

(　　) 7. 承上題，已知質點的加速度方程式為 $a(t) = 2$，求第 4 秒的瞬時加速度？　(A)0　(B)-2　(C)2　(D)4　(m/s^2)

(　　) 8. 承上題，質點幾秒後開始反向運動？　(A)4　(B)3　(C)2　(D)1sec。

(　　) 9. 20kgw 的物體由 40m 高的高台上做自由落體運動，是求落地的時間為若干秒？　(A)1.68　(B)2.83　(C)3.64　(D)4.25。($g = 10$ m/s^2)

(　　) 10. 承上題求物體落地時的速度為　(A)16.8　(B)28.3　(C)36.4　(D)42.5　m/sec。(g 值以 10m/s^2 計算)

(　　) 11. 承 9 題，若在相同的條件下 40kgw 的物體落地的時間為若干秒？　(A)1.68　(B)5.64　(C)3.36　(D)2.83。

(　　) 12. 在十字路口，當綠燈亮時，甲車以 20m/s 的等速度超過乙車前進，乙車以 4m/s^2 的等加速度起動前進，問幾秒後，乙車可以追上甲車？　(A)5　(B)10　(C)15　(D)20　秒。

(　　) 13. 承上題，在 5 秒後，乙車　(A)可以追上甲車　(B)落後甲車 25m　(C)落後甲車 50m　(D)落後甲車 75m。

( ) 14. 載客火車以 90km/hr 的速度前進,發現同軌道前方 500m 處有一載貨火車以 15m/s 的速度前進,問客車的司機至少須以多大的減速度來煞車,才不會撞上貨車? (A)0.1 (B)1 (C)0.2 (D)2 m/s^2。

( ) 15. 火車由靜止到速度為 108km/hr 時,共費時 10sec,求火車的平均加速度 (A)2.5 (B)3 (C)3.5 (D)4 m/s^2。

( ) 16. 用 20 牛頓的外力水平拉動 10kgw 的物體,使其由靜止開始在光滑的平面上滑行,求其加速度之值? (A)1 (B)1.5 (C)2 (D)3 m/s^2。

( ) 17. 承上題,在 5 秒後的運行距離為 (A)7.5 (B)12.5 (C)15 (D)25 m。

( ) 18. 有一彈簧懸掛 60 公克重的物體,其長度為 24 公分,若懸掛 100 公克重的物體,其長度為 28 公分,求彈簧未懸掛物體時之長度為 (A)18 (B)15 (C)14 (D)20 cm 。

( ) 19. 有一彈簧懸掛 60 公克重的物體,其增加長度為 10cm,若懸掛 120 公克重的物體,若彈簧的彈性系數增為 2 倍時,其增加多少長度? (A)10 (B)15 (C)18 (D)20 cm。

( ) 20. 男孩、女孩的質量各為 60kg、30kg 同時站在無摩擦的平面上互推後,男孩與女孩後退加速度之比值為 (A)0.5 (B)1 (C)2 (D)2.5。

( ) 21. 甲圓球質量為乙圓球質量的 16 倍分別固定放置在相距 10m 的兩端,丙球質量為乙球的 2 倍,試求將丙球放置距甲球多遠的地點,其所受引力為 0 (A)2.5 (B)8 (C)7.5 (D)4 m。

( ) 22. 甲、乙兩質點相距 10 公尺處,其相互吸引的力量為 2×10^{-8} N,若將甲的質量增為 2 倍,間距縮為 5 公尺,則其之間的引力為 (A)1×10^{-8} N (B)4×10^{-8} N (C)8×10^{-8} N (D)1.6×10^{-7} N。

( ) 23. 在地表上 640kgw 的質點,將其放置在距 3 倍地球半徑的高空上,其測得重量為 (A)20 (B)30 (C)40 (D)60 kgw。

參考公式：

$\sin 45° = \sqrt{2}\big/2$ ， $\cos 53° = 3/5$ ， $V_f^2 = V_i^2 + 2aS$

$D = m/V$

$F = ma$

$Fs = \mu_s \times N$

$v = \Delta S/\Delta t$

$a = \Delta v/\Delta t$

$F = K \cdot \Delta x$ （彈性恢復力）

溫度與熱

3.1　　溫度和熱平衡

　　日常生活中我們會說：「今天天氣好涼爽！」、「這碗果汁好冰！」、「他的頭很熱，他感冒了嗎？」，這些例子全都表明人類經常根據自己的感覺來判斷物體的冷熱程度。但是，冷熱感因人而異，只能說個大概，並不是客觀的，或者有人對外部極限溫度的微小變化不是很敏感，因此不可避免地會發生誤差。

　　根據主觀感覺來判斷物體的熱度和冷度是不可靠的。使用客觀的物理量來表示物體的熱度和冷度。這個物理量就是溫度。而溫度的測量與熱平衡有關。在理解溫度之前，我們首先介紹熱平衡的概念。

　　當兩個具有不同冷熱程度的物體相互接觸時，它們都不與外界接觸。經過一段時間後，當兩個物體達到相同的冷熱程度時，則兩個物體達到熱平衡狀態。兩個處於熱平衡狀態的物體，具有相同的物理特性，即溫度相等，與兩個物體的質量或材料無關。

3.1.1　溫度標度

　　日常生活中常用的溫度標準是攝氏溫度標度(Celsius scale)。一些歐美國家習慣於使用華氏溫度標度(Fahrenheit scale)。對於科學研究，使用克爾文(Kelvin scale)溫度標度，作為公制溫度單位，現在分別引入以下三個溫度標度：

1. 攝氏溫標：在 1 個大氣壓下，純水的冰點設置為 0°C，沸點設置為 100°C。將冰點和沸點之間的差值刻分為 100 等份。該溫度標度是攝氏溫度標度，其單位表示為°C。

2. 華氏溫標：在 1 個大氣壓下，將純水的冰點設置為 32°F，沸點設置為 212°F，然後將冰點和沸點刻分為 180 等份。該溫度標度是華氏溫度標度，其單位以°F表示。

3. 克爾文溫標：克爾文溫度標度基於熱力學理論而訂出，也稱為絕對溫度標度，其單位以 K 表示。在此溫度標度下，純水的冰點約為+273K，沸點約+373 為 K。將冰點和沸點之間，均分刻成 100 等份。

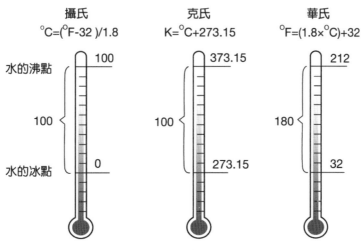

圖 3.1　三種溫度範圍的比較

溫度轉換

$$°F= \frac{180}{100}°C+32=\frac{9}{5}°C+32 \tag{3.1}$$

$$K = °C+ 273 \tag{3.2}$$

3.1.2　溫度計

　　多數物質受熱後，性質會改變，如體積、電阻或輻射能量等，我們可以利用這些屬性的變化來測量物體的溫度並製作溫度計。常用的溫度計是水銀溫度計和酒精溫度計。它們都是利用液態熱脹冷縮特性製成的。汞或酒精膨脹比較均勻，使用的溫度範圍較大，並且可以在短時間內快速的與待測物體達到熱平衡。

3.2　量測溫度的方法及範圍

3.2.1　酒精、水銀、雙金屬及熱電偶量測原理

表 3.1　量測溫度的方法及範圍

方法	測溫性質及物質	溫度範圍
耳溫槍	鼓膜散發的紅外線加熱半導體使電阻增加	5~80℃
酒精溫度計	酒精長度	−80~100℃
水銀溫度計	水銀長度	−38~350℃
雙金屬	兩金屬相對熱膨脹	−40~500℃
熱電偶	兩金屬接點因溫度不同產生電位差	−100~1600℃
額溫槍	額頭散發的紅外線加熱熱電偶或半導體	−50~100℃
光測高溫計	鎢燈單色光度	600~2500℃
定容高溫計	定量氣體的壓力	−269~1600℃
聲速	聲速公式	−50~100℃

　　由表 3.1 知量測溫度的方法很多，範圍也有差。測體溫，圖 3.2 水銀溫度計比較準確，但是怕折斷及碎裂，水銀外洩傷人，而改成酒精溫度計，尤其測室溫都改成可愛、體積小的紅色酒精溫度計。雙金屬溫度計用作烤箱和冰櫃的恆溫裝置。電阻溫度計用作測量烤爐和引擎的溫度。現在測體溫採用快速的耳溫槍（圖 3.3），人體的體溫控制中樞位於頭骨內的下視丘，與耳內鼓膜的位置與身體的溫度都非常接近，耳溫槍就是藉由測量鼓膜散發的紅外線得到體溫。耳溫是最早反映發燒的一個部位，皮膚或腋下的溫度，在剛發燒時往往反而較冷，而肛門雖然也可量出「中心點溫度」，但體溫的上升比耳膜稍慢，量肛溫時的不舒服及交互汙染顧慮，是其最大缺點，口溫則可能受食物影響。因此耳溫槍的操作簡便快速，成了家庭量測體溫的熱門選擇。

　　「認識」耳溫槍屬於醫療器材，使用前詳細閱讀說明書，並「會用」耳溫槍正確的量測體溫；耳溫槍所測得的溫度，並不能作為判斷是否生病的唯一依據喔！

圖 3.2　各式酒精溫度計

圖 3.3　耳溫槍溫度計

　　圖 3.4 及圖 3.5 是熱電偶溫度計外部與內部，使用倆金屬受熱產生電壓差的原理來測溫度。圖 3.6 光測高溫計(optical pyrometer)原理集中於一幕屏(screen)上，幕屏後裝一紅色濾鏡，僅讓波長為 0.65 微米之輻射能透過，俾使觀察者易觀察幕屏上之情形，同時另裝一標準鎢絲燈，其發出之輻射能亦可集中在幕屏上，以作為比較。調整變阻器以調整通過標準鎢絲燈之電流，使標準光源在幕屏上之亮度(brightness)與輻射熱之亮度相等。此時變阻器之刻度即代表此輻射熱源之溫度。光測高溫計與外表，其優點是：1.輕便、2.可測 1000℃以上之高溫、3.勿需接近待測物。

圖 3.4　熱電偶溫度計外部

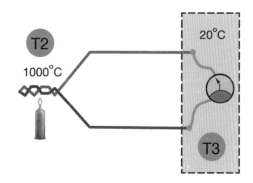

圖 3.5　熱電偶溫度計內部

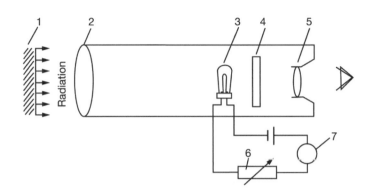

圖 3.6　光測高溫計內部與外表

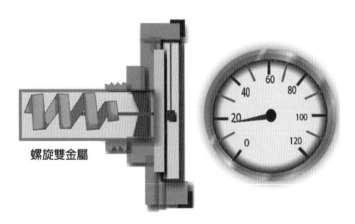

螺旋雙金屬膨脹溫度儀器

圖 3.7　雙金屬溫度計，是利用兩金屬遇熱相對膨脹率的差來測溫

3.2.2 **額溫或耳溫槍的原理**

一切溫度高於零度 K(−273.15℃)的物體都在不停地向周圍空間發射紅外線能量。輻射特性、輻射能量的大小、波長分布等都與物體表面溫度密切相關。相反的，通過對物體自身輻射的紅外線能量的測量，便能準確地測定它的表面溫度，這就是紅外線輻射測溫的原理。

人體與其他生物體一樣，自身也在向四周輻射釋放紅外線能量，其波長一般為 9~13μm，是處在 0.76~100μm 的近紅外線波段。由於該波長範圍內的光線不被空氣所吸收，也就是說，人體向外輻射的紅外線大小與環境影響無關，只是與人體含存與釋放能量大小有關，因此，只要通過對人體自身輻射紅外線能量的測量就能準確地測定人體表面溫度。人體紅外線溫度傳感器就是根據這一原理，設計製作而成的。耳孔很小，不會反射大部分的光線，可以視為完全吸收體，因此近似一完美的黑體，因為鼓膜的血管連接下視丘，而下視丘是管控人體體溫的中樞，所以鼓膜溫度可以說是直接反應人體體溫。所以耳溫槍較額溫槍準確，額溫槍是為了快速及防止量測太靠近而染疫的要求而熱門。將紅外線經熱偶或熱電堆式溫度傳感器轉化為電信號，從光電探測器輸出的電信號經過放大器和信號處理電路按照儀器內部的算法和目標發射率校正後轉變為被測目標的溫度值，測量範圍：−50~100℃；測量精度：0.1℃以內，±0.1%以內。

3.3 熱膨脹係數

熱膨脹係數 α（Coefficient of thermal expansion，簡稱 CTE）是指物質在熱脹冷縮效應作用之下，幾何特性隨著溫度的變化而產生變化的規律性係數。線脹係數是指固態物質當溫度改變攝氏 1 度時，其長度的變化和它在 0℃ 時的長度的比值。各物體的線脹係數不同，一般金屬的線脹係數約為 12×10^{-6} ／度（攝氏）。伸縮的長度 ΔL 與原長 L_0 及線性熱膨脹係數 α 及溫度差 ΔT 的乘積成正比。如下式

$$\Delta L = L_0 \alpha \Delta T \tag{3.3}$$

表 3.2　固體的線性熱膨脹係數 α

物質	α　in10^{-6}/K20℃
純鋁	23.0
鎘	41.0
紅磚	1.0
混泥土	12.0
天然橡膠	-620
花崗石	9.0
鋼或鐵	12.0
冰，0℃	51.0
玻璃（窗玻璃）	8.6
玻璃（普通）	7.1
玻璃（派熱克斯玻璃）	3.25
玻璃(Quarzglas)	0.5
玻璃陶瓷(Zerodur)	<0.1
黃銅	18.4
瓷器	2.0
不鏽鋼	12.0~16.0
鈦	10.8
鎢	4.5

　　建造房屋時，請使用鋼筋混凝土，因為混凝土的線膨脹係數為 12×10^{-6} / K，鋼筋的線膨脹係數為 12×10^{-6} / K 。兩者的線性膨脹係數相同。所以當溫度升高時，鋼和混凝土的膨脹是相同的；當溫度下降時，鋼材和混凝土收縮相同的量。鋼材和混凝土的膨脹和收縮是相同的，因此這種結合將成為堅固的構件。

　　現在得到的擠壓物會受到溫度變化而增加或縮小的現象，稱為面膨脹。 β 為熱膨脹係數，ΔA 面膨脹或收縮 A 與初始面積 A_0 之差，代入數學公式得到 $\beta = 2\alpha$ 計算公式，所以可寫為

$$\Delta A = \beta A_0 \Delta T = 2\alpha A_0 \Delta T \tag{3.4}$$

　　建築材料熱膨脹係數比較，混凝土的線膨脹係數為 12×10^{-6} / K ，紅磚的線膨脹係數為 1.0×10^{-6} / K 。兩者的線性膨脹係數差 12 倍。紅磚和混凝土的建築，當

溫度升高時，混凝土會膨脹成更大 12 倍；溫度降低時，混凝土會收縮成更小 12 倍。紅磚和混凝土的膨脹和收縮不同，時間久了紅磚會翹起、鬆弛或脫落。

同理瓷磚和陶片的線膨脹係數為 $2 \times 10^{-6} / K$，和混凝土的線膨脹係數為 $12 \times 10^{-6} / K$ 差 6 倍，氣候溫差過大時，貼在混凝土外的瓷磚和陶片會掉落傷害地面的人或物體。只要配方設計的好，混泥土外牆不發黴，現在已有大樓不貼磁磚，採用清水模建築(Fair-faced concrete)，將混凝土一次澆注成型，「開模即完工」。僅在事後為了避免日後被雨水侵蝕浸損，會噴上一層防水保護膜。

炒鍋或湯鍋使用的是不銹鋼鍋體，但鍋的中間底部是銅製（熱導率好）加熱快。請根據表 3.2 中銅線膨脹係數為 $18.4 \times 10^{-6} / K$，不銹鋼的表面膨脹係數為 $12.0 \times 10^{-6} / K$。兩者的表面膨脹係數不同，溫度上升時，銅膨脹變大。當溫度下降時，銅收縮更多。但炊煮時溫差驚人，使用次數又多。這樣的組合可能不能耐久，還需要許多工業設計才可能長期使用。

3.3.1　固體的體熱膨脹係數 γ

$$\Delta V = V_0 \gamma \Delta T \tag{3.5}$$

同理 $\gamma = 3\alpha$，體膨脹係數是線的三倍，膨脹係數的不同，除了鐵軌及橋梁上的設計很重要外，一般生活也有些運用，像是燒瓷器要完美，就得注意坯、釉膨脹係數不同。圖 3.8 是冰裂紋瓷器，釉面上出現的冰裂紋，其形成原因有二：一是坯、釉膨脹係數不同，焙燒後冷卻時釉層收縮率大，而產生的冰裂紋現象；二是瓷器成型時坯泥沿一定方向延伸，影響了分子的排列，而出現了冰裂紋瓷器。

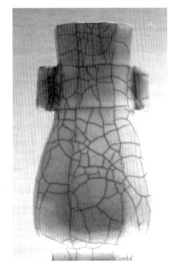

圖 3.8　冰裂紋瓷器

這種裂紋可以通過控制瓷器胎體和瓷器表面釉層的物質成分，經過焙燒後冷卻，使得釉層的收縮大於胎體的收縮，釉面因此出現開裂，成為瓷器的一種特殊裝飾。

　　市面上有許多商品使用塑膠包裝，塑膠很容易產生塑化劑，對環境與人體都會造成汙染及傷害，例如：不孕症。所以許多食品及物品已改包裝成玻璃罐加鐵蓋，以前常使用開瓶器，現在講求環保多次使用，改成旋轉式的開法，但往往使用時打不開。因為玻璃和鐵蓋膨脹係數相差一倍，在冰箱內鐵蓋比玻璃縮得多，所以很緊。若將玻璃罐的鐵蓋倒置放在容器中，加入熱水浸濕鐵蓋，鐵蓋立刻膨脹超過玻璃，瓶子很快就可轉開。

圖 3.9　玻璃罐加鐵蓋包裝

圖 3.10　熱水浸濕鐵蓋，鐵蓋立刻膨脹超過玻璃，瓶子很快就可轉開

表 3.3　液體的體膨脹係數

液體	γ in10^{-6}/K20℃
水	370
汽油	950
水銀	182
酒精	2500

　　水的體膨脹係數為 $370 \times 10^{-6} / K$，橡膠桶的體膨脹係數為 $-1860 \times 10^{-6} / K$。兩者的體膨脹係數非常不同。當溫度升高時，水會膨脹，但橡膠桶反而會收縮。裝滿水的橡膠桶不能放在高溫環境中，否則大量水會溢出。

　　不銹鋼壺體的體膨脹係數為 $37 \times 10^{-6} / K$，水的體膨脹係數為 $370 \times 10^{-6} / K$，兩者相差 10 倍，溫度升高水膨脹的較大，煮開水不可裝太滿，否則煮沸時水會溢出。

　　氣體的膨脹係數在低壓下，氣體為理想氣體，膨脹係數可由理想氣體方程式推得，首先有查理定律(Charles's law)，1802 年查理給呂薩克研究，所有氣體在定壓下，每升高 1°C，其體積增加為其在 0°C時之 1/273。設 V_0 代表 0°C之體積，V 代表 t°C之體積，則

$$V = V_0 + \frac{1}{273}V_0 = V_0\left(1 + \frac{t}{273}\right) = V_0\left(\frac{273+t}{273}\right) \tag{3.6}$$

　　若定義一新溫標，令 $T = 273 + t$，則 0°C為 $T_0 = 273\text{K}$，稱此新溫標為絕對溫標，即克氏(Kelvin)溫標其絕對零度為−273°C。用絕對溫標，上式可化簡為：

$$\frac{V_0}{T_0} = \frac{V}{T} \text{ 其一般式為 } \frac{V_1}{T_1} = \frac{V_2}{T_2} \text{，以數學式表示為} \tag{3.7}$$

定壓下 $V/T = C$ (constant)

定容下 $P/T = C$ (constant)可以應用在氣壓溫度計上

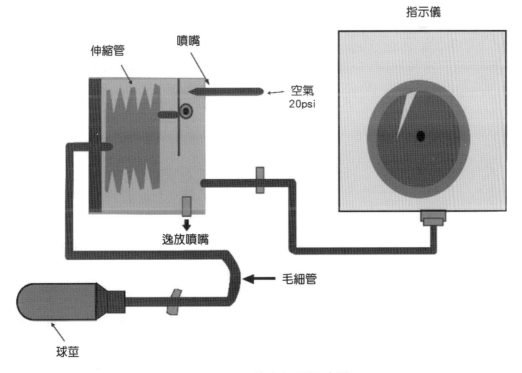

圖 3.11　等容氣壓溫度計

3.4　物質三態變化

　　在定壓力下，用穩定的熱源加熱某固體純物質，則溫度與加熱時間之間的關係如圖 3.12 所示。從圖中可以看出，當物質吸收熱量時，溫度會升高（斜直線部分），但是當狀態改變時溫度不會升高（水平直線部分），此時所吸收的熱量用於改變物質的狀態，並且必須等待到狀態完全改變之後，溫度才將再次升高。改變物質狀態所需的熱量與物質的質量和性質有關。因此，我們定義將「使 1 公克物質改變其狀態所需的熱量」定義為物質的潛熱(latent heat)。潛熱是潛藏在物質中的熱，包括熔化熱、汽化熱、凝固熱及凝結熱等。

　　「1 公克物質熔化所需的熱量」稱為熔化熱(latent heat)，例如：1 公克冰融化需要 80 卡，因此水的熔化熱為 80 卡／克；「蒸發 1 公克所需的熱量」稱為蒸發熱或汽化熱，例如：1 公克水汽化所需的熱量為 539 卡，因此水汽化熱為 539 卡／克。這樣，凝結熱也可以定義為「1 公克物料凝結釋放的熱量」。從能量守恆的概念或實驗，可以知道

　　　　熔化熱＝凝固熱；汽化熱＝凝結熱

　　假設物質的質量為 m 潛熱為 Q，則物質改變其狀態所需的熱量 H 可以寫為：

　　　　$H = mQ$　　　相變態熱或潛熱公式　　　　　　　　　　　　　　(3.8)

　　物體因為溫度變化所移轉的熱量 H，是和溫度的變化 ΔT (℃)成正比

　　　　H 正比 ΔT 或 $H = C\Delta T$

　　其中 H 的單位卡(cal)定義為使 1 克純水，溫度從 14.5℃升高到 15.5℃，所需的熱量為 1 卡。

　　C 為物體每升高或降低單位溫度所吸收或釋放的熱，稱為熱容量(heat capacity)，其單位為卡／℃。

從實驗中發現熱容量和質量 M 成正比，即

C 正比 m 或 $C = ms$

其中 s 為物質每單位質量升高或降低單位溫度，所吸收或釋放的熱量，稱為比熱(specific heat)，其單位為卡／克×℃。 $H = C\Delta T$ 。綜合兩式

$$H = ms\Delta T \tag{3.9}$$

在加熱過程中，物質如果溫度和狀態發生變化，則該物質吸收的總熱量是每個階段所需熱量的總和。可以通過以下公式獲得吸收的總熱量：

$$H = ms\Delta T_1 + mQ_1 + \cdots\cdots 總吸熱量的公式 \tag{3.10}$$

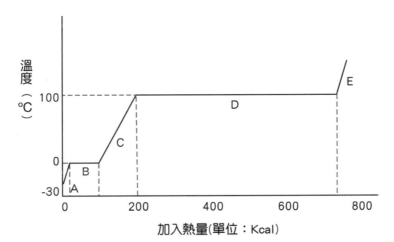

圖 3.12　水的三態變化反應

例 1　小明流感發燒至 39.6℃，護理師小美用 300 克–5℃的冰幫他降溫，最後變成 22℃的水，計算冰變水吸多少熱？

解　–5℃的冰升至 0℃的冰 $H_1 = ms_{冰}\Delta T = 300 \times 0.5 \times (0 - (-5)) = 750$ （卡）

0℃的冰升至 0℃的水 $H_2 = mH_{冰溶化熱} = 300 \times 80 = 24000$ （卡）

0℃的水升至 22℃的水 $H_3 = ms_{水}\Delta T = 300 \times 1 \times (22 - 0) = 6600$ （卡）

總共吸 $H_1 + H_2 + H_3 = 31350$ （卡）

3.5 熱的傳遞

3.5.1 熱傳導

有的鍋或湯鍋使用全不銹鋼製成，但有的只有鍋體由不銹鋼製成，但鍋的底部由銅製成。根據表 3.4 中的銅傳熱係數為 387 J/(m.s.℃)，不銹鋼的熱導係數率為 16 J/(m.s.℃)，兩者相差 24 倍，表示銅底鍋升溫 24 倍快，銅底鍋可節省很多瓦斯，減少對流，蓋上蓋子加熱會更快。

烤肉用錫箔紙當傳導媒介。微波爐的波長約為 12 厘米，金屬材料會很容易反射這種波長的波。如果用錫箔紙覆蓋，則不能加熱食物。因為微波爐主要是根據熱輻射（微波輻射）的原理製造的。微波爐加熱食物時，可以製造廠商標為專用於微波爐的保鮮膜覆蓋它。微波爐的波長約為 12 厘米，這是水分子最容易吸收的波長，因此主要功能是加熱食物中包含的水。

表 3.4 常用物質材料的導熱係數

物質	導熱係數(Kcal/m.s.K)	導熱係數(W/m‧K)
金屬及固体		
鋁	5.73×10^{-2}	230
銅	9.32×10^{-2}	387
鉛	9.03×10^{-3}	33
銀	10×10^{-2}	412
鋼或鐵	1.1×10^{-2}	46
青銅	4.67×10^{-2}	189
不鏽鋼	0.33×10^{-2}	16
石棉板	1.8×10^{-5}	0.17
混凝土	31×10^{-5}	1.28
保溫磚	$3 \sim 5 \times 10^{-5}$	0.12~0.21
建築磚	16×10^{-5}	0.69
羊毛毯	0.96×10^{-5}	0.047
棉花	1.8×10^{-5}	0.075
硬橡皮	3.6×10^{-5}	0.15
鋸屑	1.1×10^{-5}	0.052

表 3.4　常用物質材料的導熱係數（續）

物質	導熱係數(Kcal/m.s.K)	導熱係數(W/m· K)
軟木	0.9×10^{-5}	0.043
玻璃	20×10^{-5}	0.84
玻璃絨毛	1.0×10^{-5}	0.041
保麗龍	0.24×10^{-5}	0.01
真空絕熱保溫板	1.8×10^{-5}	0.006
液體		
水銀	1.8×10^{-5}	8.36
變壓器油	1.8×10^{-5}	0.18
水	1.8×10^{-5}	0.62
氣體		
氫	1.8×10^{-5}	0.17
二氧化碳	1.8×10^{-5}	0.015
空氣(0℃)	1.8×10^{-5}	0.024
空氣(100℃)	1.8×10^{-5}	0.031

熱傳導公式

$$\dot{Q} = KA\frac{\Delta T}{d} \tag{3.11}$$

$\dot{Q}$＝熱傳導量(W)；K＝熱傳導係數； ΔT ＝溫度差；d＝熱傳導厚度或距離(m)；A＝垂直於傳熱方向之截面積(m^2)

相同的面積及厚度，熱傳導係數 K 越大，$\dot{Q}$越大，導熱越多。

擁有一件相同規格的深色羊毛外套和一件白色棉外套。根據表 3.4 中的輻射現象和熱導率，羊毛的導熱係數為 0.047 W/m℃，棉的導熱係數為 0.075 W/m℃。穿著在人體身上時，在沒有空調的房間裡，以導熱的角度來看，深色的羊毛服裝可以保持溫暖，也會使別人感覺到你的體溫；從輻射的角度來看，白色棉質衣服可以保持溫暖，在陽光下穿著深色羊毛大衣更能保暖，也更使他人感覺到你的體溫。

傳統針灸燒艾草加熱治病，使用鋼針和銀針比較，利用銀的導熱係數為 412W/m℃，鋼針傳熱係數為 46W/m℃，如果要快速加熱，請使用銀針比較好。如果要緩慢加熱，請使用鋼針比較好。在相同時間時，銀針傳導更多的熱量，且銀針膨脹也更多，另外，一次用完就丟的鋼針較方便可避免感染。

3.5.2　對流

將酒精擦在手上，酒精液從皮膚吸收熱量並蒸發，皮膚失去熱量，因此感覺涼爽；另外，聞到喝醉酒的人身上的酒味，原理也是如此，酒精吸收了熱量變成蒸汽，蒸汽將吸收的熱量帶給周圍的人並與身體周圍的空氣混合，片刻之後，會聞到酒精的氣味，這意味著酒精蒸氣已經流散，傳播發散到你的鼻子，這是自然對流。夏天吹電扇降溫則是強制對流。

臺中火力發電廠煙囪主要利用熱的對流功能，儘管通過煙囪排放的廢氣從熱到冷的對流，但它必須沿煙囪的指定方向對流，因此這算是強制對流。排出的高溫廢氣在冷卻後會下降，高溫廢氣和周圍彰化、雲林、嘉義、臺南及高雄的空氣產生自然對流，高雄的空氣還要加上興達港火力發電廠廢氣的自然對流，因此一般工廠排氣與周圍空氣對流，都會聞到廢氣的氣味。

3.5.3　輻射

第三種散熱方法是輻射，它的特徵是熱量直接從熱源（太陽或火）擴散。傳播過程不需要任何物質作為傳播的介質或媒介，輻射攜帶的熱是輻射熱，輻射熱的存在和數量已影響整個地球的生態千萬年。

在曬衣場上放置深色和淺色衣服時，經過一段時間的陽光照射，深色衣服的溫度要高於淺色衣服的溫度，這意味著深色衣服比淺色衣服吸收輻射熱更多更容易。暴露在陽光下的深色和淺色衣服被移到涼爽的地方，你會感到深色衣服比淺色衣服散發更多的熱量。從這些現象可以得出以下結論：深色物質比淺色物質更容易吸收輻射熱。容易吸收輻射熱的物質也容易放出輻射熱。因此，可以完全吸收和發射輻射熱的物質稱為黑體。

夏季的陽光顯然是可見光範圍內的輻射。到了晚上，只能感覺到地球輻射出一陣陣的熱浪，但是看不到任何光，因為這是屬於不可見光的輻射。

與日常生活最相關的三個輻射熱光譜為：

1. 紫外線：波長小於 0.4 微米，是不可見光。

2. 可見光：波長從 0.4~0.7 微米。

3. 紅外線：波長範圍從 0.7~100 微米，這是具高熱量的不可見光。

光源本身的溫度越高，發出的光波長越短；光源本身的溫度越低，發出的光波長就越長。太陽的溫度比地球的溫度高得多，太陽發出的輻射偏向可見光和紫外線，而地球發出的輻射偏向紅外光。

物體在室溫下發出的輻射能量非常弱（波長太長），我們看不到或感覺不到它。當一塊鐵加熱到 500°C時，發出的波長短得可以看到是紅光；加熱至 800°C時可以看到為紫紅色；再加熱達到 1200°C時，處於「白熱狀態」為白色，此時將發射所有可見光譜。

根據斯蒂芬定律，於 1879 年通過實驗獲得的輻射度 R(radiancy)，方程式為

$$R = \sigma T^4 \tag{3.12}$$

在上式中，R 是在溫度 T 下單位面積單位時間釋放出的總能量，σ 是斯蒂芬波茲曼(Stefan-Boltzman)常數，其值為 $5.67 \times 10^{-8} j / m^2 \cdot K^4$。由此，可以看出輻射量隨溫度迅速增加。

根據物體與周圍環境之間的溫差，物體可以是輻射能的發射器或輻射能的吸收器。由於發射和吸收都是從物體的表面開始的，因此具有粗糙表面的物體是理想的吸收體。完整的吸收體顯示為黑色，因為它吸收了整個光譜而成黑色，稱之黑體(black body)，並且它還必須是不良反射體，為了達到溫度平衡，理想的吸收器也必是理想的發射器。

我們經常使用「保溫」或「冷藏」的容器，理想情況下使用淺色和光滑表面的容器，保溫瓶就是基於不吸收也不發射的原理設計而成。

熱量的傳遞不單是靠通過傳導、對流或輻射之一來進行的，通常三者都有。人體內因新陳代謝所產生的熱量需要排出體外，以保持恆定的體溫，傳遞方法大致如下：體內的組織通過與毛細血管的接觸，而通過血管壁將熱傳遞給血液，熱再持續從血液傳遞到皮膚表面，然後多餘的熱量通過蒸發散發到體外。

習題

( ) 1. 45℃為多少°F？　(A)81　(B)113　(C)49　(D)57。

( ) 2. 113°F 為多少 K？　(A)248　(B)318　(C)45　(D)248。

( ) 3. 熱量的單位是　(A)J　(B)N　(C)瓦特　(D)Cal。

( ) 4. 燒一鍋 2Kg 的 0℃冰變成 0℃的水化費若干卡的熱能？　(A)160　(B)2×10^4　(C)1.6×10^4　(D)1.6×10^5。

　　　公式：$H = m \cdot s \cdot \Delta T$，$S$ 水 $= 1$(cal/g-℃)

( ) 5. 承上題，繼續加熱成 100℃的水耗費多少卡？　(A)200　(B)2×10^3　(C)2×10^4　(D)2×10^5　cal。

( ) 6. 承上題，耗費多少大卡？　(A)0.2　(B)2　(C)20　(D)2×10^2。

( ) 7. 承第 4 題，繼續加熱，將之變成 100℃的氣體，必須耗費多少仟卡的熱量？　(A)1.18　(B)1.078×10^2　(C)1.078×10^3　(D)1.078×10^4。

( ) 8. 承第 4 題，總耗熱量是若干 cal？　(A)1.438×10^3　(B)1.438×10^4　(C)1.438×10^5　(D)1.438×10^6。

( ) 9. 若 1 焦耳 $= 0.24$ Cal，則上題的電能是多少 J？　(A)6.04×10^4　(B)6.04×10^6　(C)6.04×10^7　(D)6.04×10^5。

( ) 10. 有 40 公尺長的鐵軌在室外溫度由 15℃升溫至 40℃時，長度增加 12mm，求鐵的 α 值 = ？　(A)1.2×10^{-4}　(B)1.2×10^{-5}　(C)1.2×10^{-6}　(D)1.2×10^{-7}　/℃。

( ) 11. 體膨脹係數 γ 等於若干倍的 α 值？　(A)2　(B)3　(C)4　(D)8。

( ) 12. 底面積 $20 cm^2$、高 10cm 的玻璃杯在室溫 20℃時裝滿酒精，當此容器移至室外 30℃時將會有若干 c.c.的酒精溢出？　(A)49.94　(B)32.656　(C)24.99　(D)14.946。（$\alpha_{酒} = 2.5 \times 10^{-3}$ /℃，$\alpha_{玻} = 0.9 \times 10^{-5}$ /℃）

( ) 13. 在一大氣壓下，25℃體積為 10L 的氣體，在溫度多少度時體積為 25L？　(A)235　(B)323　(C)472　(D)547　℃。（$V_1 / V_2 = T_1 / T_2$）

( ) 14. 將 100g，比熱為 0.22cal/g・C 的鋁塊加熱至 212°F後，放入 50°F，100g 的冷水中，若無熱量消失，兩者混合達到熱平衡後，其混合後溫度為　(A)20.2　(B)25.6　(C)26.2　(D)30.6　℃。

( ) 15. 質量500g 的鉛球溫度由 20℃加熱至 80℃時，所需熱能 3.78×10^3 J，則此鉛球的熱容量為？　(A)15　(B)20　(C)25　(D)30　cal/℃。

(　　) 16. 承上題，鉛的比熱為　(A)3　(B)0.3　(C) 3×10^{-2}　(D) 3×10^{-3} cal/ g·°C。

(　　) 17. 100g/0°C的冰熔化成 100g/0°C的水，耗費 3.36×10^4 J的熱能，則冰的熔化熱為 cal/g ？　(A)33.4　(B)40　(C)80　(D)120。

(　　) 18. 200g/100°C的熱水，完全加熱汽化成水蒸氣，花費 1.08×10^5 cal 的熱能，則水的汽化熱為 X cal/g，$X =$　(A)340　(B)440　(C)500　(D)540。

(　　) 19. 有一標示 110V，500W 之電湯匙，放入裝有 1 公升 20°C純水的茶壺中。若不計水加熱，期間熱量的散失，則要使茶壺中的水沸騰，最少需要的時間為　(A)11.2　(B)12.5　(C)22.2　(D)25　分鐘。

(　　) 20. 讓 2Kg 的 0°C的冰變成 0°C的水需花費若干卡的熱能？　(A) 2×10^4 (B) 1.6×10^4　(C) 1.6×10^5　(D) 1.6×10^6　cal。

(　　) 21. 高山上食物不易煮熟，是因大氣壓力較小，使得水的沸點　(A)小於 100°C　(B)大於 100°C　(C)等於 100°C　(D)以上皆非。

(　　) 22. 一塊板中有一中空圓形空洞，若將此鐵板均勻加熱則此圓洞的大小將 (A)變小　(B)不變　(C)變大　(D)視溫度而定。

聲音與波動

橫波、縱波與表面波

4.1.1　波動本質

　　海浪、彩帶、繩子或彈簧等物質，在受到外界影響時，所產生的凸起部分，稱為波；波向前傳遞出去的現象，則稱為波動。波傳遞時，依介質的振動方向與波前進方向，可分為橫波和縱波兩種。將石塊丟入湖中產生水波（橫波），但是無法將湖中的垃圾沖至岸邊蒐集，因為水波的介質振動方向和波前進方向是垂直的，此種波稱為橫波，其他的橫波有繩波、光波和電磁波。而介質振動方向和波前進方向平行的波，稱為縱波，例如：聲波、彈簧波。

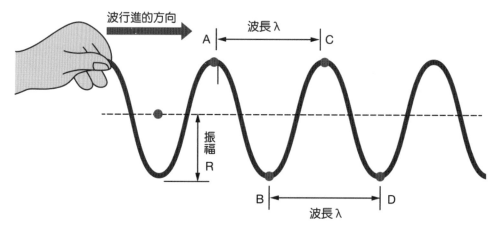

圖 4.1　橫波（水波）的行進

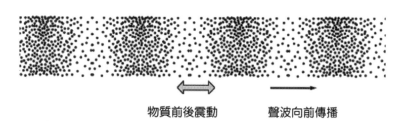

圖 4.2　縱波（聲波）的行進

　　地震會同時產生縱波（P 波）及橫波（S 波），地震波會同時傳遞，但是縱波（P 波）傳遞快，而橫波（S 波）傳遞慢，到達時會產生剪力，破壞力大。而這些波因反射產生表面波，是由 P 波和 S 波彼此干涉疊加而來。如果一場地震中表面波有出現的話，他的速度會比 S 波更慢，但威力更大。雷利波及洛夫波

是表面波,雷利波又稱「地滾波」。在垂直面上,受雷利波影響的粒子呈橢圓形振動,類似長的海浪起伏。洛夫波的傳遞方式是由 S 波相互干涉的表面波為洛夫波或「L 波」。洛夫波的振動只發生在水平方向上,以「左右搖晃」的型態在地面上前進。

4.1.2 週期、頻率與波速

1. **週期(T):** $T = 1/f$

    產生一個完整波的時間,或表示完成一次震動所需的時間。單位為秒 / 次。頻率與週期互為倒數。

2. **頻率(frequency):** $f = 1/T$

    從頻率的概念中可以得知,我們只要能計算出 1 秒鐘完成的周期性變化的次數就能計算出頻率,如一種聲波完成一次震動所需的時間是 0.01 秒,則其頻率 $f = 1/0.01 = 100\,Hz$,頻率的另外一種計算方法是:$f = V/\lambda$,其中,f 代表頻率,V 代表波速,λ 代表波長。

    由波形來看,波的最高點為波峰,最低點為波谷。從水平面到波峰或波谷之垂直距離,稱為振幅,振幅大小決定於該波的能量。相鄰兩波峰或波谷之間的水平距離,稱為波長,以 λ 表示。

3. **波速 V 的計算**

$$波速＝頻率 \times 波長,即公式為 V = f\lambda \tag{4.1}$$

4.1.3 聲音在不同介質中的傳播速率

聲速是指聲音在介質中的傳播速率。聲音在不同介質中的傳播速率為在固體中＞在液體中＞在氣體中。

在空氣體中溫度越高,聲速越快。V:聲速(公尺 / 秒)、t 為溫度(℃),其公式為

$$V = 331.4 + 0.6t \tag{4.2}$$

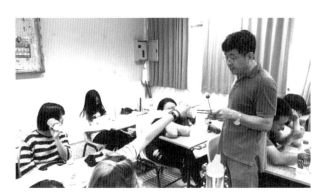

圖 4.3　聲音的傳播，使用空罐及氣球作成傳話筒；輕敲音叉，發現聲音可傳至另一個話筒。

4.2　樂音的三要素

4.2.1　音量的單位

　　音量（又稱響度）是指聲音的強弱或大小聲，是振幅的高低或能量的強弱。音量的單位是分貝(decibel, dB)，分貝數字越大，代表響度越大。絕對測量聲音強度的方法甚為複雜，但是比較兩強度不同的聲音就比較容易。我們常用強度水平(Intensity Level)來表示。設 β 為強度水平，I 為音波強度，則

$$\beta = 10Log(I / I_0) \tag{4.3}$$

　　其中 $I_0 = 10^{-12}$ 瓦特／公尺^2，β 的單位為分貝(dB)，在方程式中 $I_0 =$ 為人耳聽力下限，強度在此下限，人耳是無法聽到的。圖 4.4 噪音計是一些由強度水平(dB)對強度來顯示的關係，我們可從中學到如何較簡單地以對數標度去處理範圍較廣的數字。Apple Watch 有測噪音的裝置，雖然無法鎖定最高分貝。但是若拍成測試影片，更可顯示噪音的來源種類及變化的情形。

影響音量的因素：聲波的振幅，比如音叉發出的音量小，所呈現聲波的振幅就小；音叉發出的音量大，所呈現的聲波振幅就大。

4.2.2　音調

音調是指聲音的高低音。以聲波而言，就是波動振動的快慢，即頻率。頻率單位：赫（Hz、1／秒），即每秒振動次數。影響音調的因素：頻率的快慢。音調較低的聲波，波的頻率較低；音調較高的聲波，波的頻率較高。一般而言，人說話的音調大約在90~560 赫之間，通常女生的音調較男生為高。以絃樂器而言，絃越緊或越細、越短，則聲音的頻率越快，音調越高。

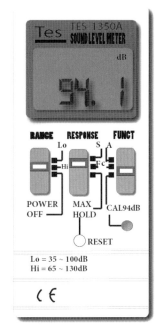

圖 4.4　噪音計

4.2.3　音色

音色（又稱音品），是指發音體獨特的發音特色，不同的發音體所發出的聲音音色不同，我們可藉由各種不同的音色，來判斷是哪一種發音體所發出的聲音。影響音色的因素是聲波的波形，如各種樂器奏出的聲音，所呈現的波形不同。每一種樂器，除了一種基音外，還有許多的泛音。正是這些泛音決定了其不同的音色。使人能判定何種樂器或不同的人發出的聲音。圖 4.5 表示各種樂器發出的特定波形。

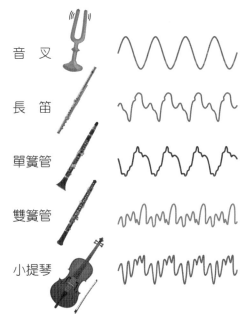

圖 4.5　各種樂器的音品

4.2.4　共鳴

　　共鳴又稱為共振，是指兩頻率相同的發音體，當其中一發音體振動所發出的聲音，傳播至另一發音體時，另一發音體亦會隨之振動而發出聲音的現象。共鳴要頻率相同。調音師利用音叉發出的聲音與樂器產生共鳴，以調整樂器的音調。

圖 4.6　共鳴管實驗

4.3　超音波

　　人耳可聽到的聲音頻率範圍約為 20~20000 赫之間。頻率超過 20000 赫，人耳無法聽到的聲音，稱為超音波。有些動物，如海豚、鯨魚、蝙蝠，可以發出及接收超音波，藉此與同類溝通、辨別方向或尋找獵物。漁船或艦艇上的聲納運用超音波遇到障礙物會反射的特性，來探測目標物的位置及方向。

4.3.1　超音波應用

　　工業上，可利用超音波來探測極微小的裂縫，可以解決材料或積體電路(IC)的內部條件，例如：裂縫、孔洞、分層和粘附等。在醫學上，則常利用超音波來檢查胎兒或泌尿器官，由於胎兒和生殖器官對輻射相當敏感，因此基本上不使用 X 射線診斷設備，超音波掃描是非放射性的且是即時的，無需等待膠片顯影或數碼照片傳輸時間，並且可以在短時間內多次掃描。「體外震波碎石術」的原理是利用橢圓形聚焦的原理，將震波源發射出的能量集中到結石上，來達到

碎石的目的，使用立體的超音波成像可看到尿路結石被擊碎到某一標準，可即時停止震波源的震動，防止過度治療減少傷害！

　　超音波清洗機，可用於清潔用途，是目前清洗效果最佳的方式，一般認為是利用了超音波在液體中的「孔洞效應」。利用超音波振動清水，使微細的真空氣泡在水裡產生，當真空氣泡爆破時釋放了儲存在氣泡裡面的能量，釋放溫度約攝氏 5000 度，以及超過 10,000 磅／吋 ^{2} (psi)的壓力將物件表面的油脂或汙垢帶走。超音波的孔洞效應(cavitation)作用產生之氣泡，洗淨過程分為兩種：1.產生之氣泡，受到後來之高壓波段的收縮而破裂，破裂產生之音壓及噴水柱衝擊物體表面，造成汙染物脫體而達到洗淨之效果；2.氣泡衝擊汙染物與物體表面之空隙，而此區間的氣泡受音壓變化的影響，不斷膨脹與收縮，氣泡逐步向前，造成汙染物漸漸脫離表面。

4.3.2 　都卜勒效應

　　都卜勒效應(Doppler effect or Doppler shift)是波源和觀察者有相對運動時，觀察者接受到波的頻率與波源發出的頻率並不相同的現象。遠方急駛過來的火車鳴笛聲變得尖細（即頻率變高，波長變短），而離我們而去的火車鳴笛聲變得低沉（即頻率變低，波長變長），就是都卜勒效應的現象。

　　用於醫學診斷的彩色都卜勒超音波，具有二維超聲結構圖像的優點，又同時提供了血流動力學的豐富資訊，在臨床上被譽為「非創傷性血管造影」。對循環過程中血流速度和流量可知供氧情況、閉鎖能力、有無亂流、血管粥狀硬化等能提供有價值的診斷。

　　另外交通警察向車輛發射頻率已知的超音波，能同時測量反射波的頻率，根據反射波的頻率變化就能知車輛的速度。裝有都卜勒測速儀的監視器有時就裝在路旁，在測速的同時把車牌和速度拍攝下來列印。

4.4 噪音

　　讓人感覺不舒服的聲音，它的波形沒有一定的規律，這種聲音稱為噪音。噪音對我們的身心均有不良影響，如長期處在超過 85 分貝以上的噪音環境中，人耳聽力容易受損，心理上也會伴隨著煩躁、鬱悶或易怒等症狀，嚴重者甚至會失去聽覺。

　　人類對聲音的感應是相對變化，對數標度正好能模仿人類耳朵對聲音的反應。一般 0~50 分貝(dB)為細語的範圍、50~90 分貝(dB)妨礙睡眠、90~130 分貝(dB)導致耳朵疼痛，此為搖滾樂的範圍、130 分貝(dB)以上導致耳聾、耳膜破裂。

飛機升降　　　　　　　　鑽地

重型貨車　　　　　　　　吵耳的音樂

夜晚的睡房　　　　　　　竊竊私語的聲音

圖 4.7　噪音強度水平(dB)對人體的影響

4.5　地震波

4.5.1　地球體內部地震波

　　人類對地震的研究，發現它不但會產生縱波及橫波的體波，也有表面波。如圖 4.8 及圖 4.9 地震會同時產生縱波（P 波）及橫波（S 波）地球體內部波，及雷利波、洛夫波兩種表面波。

　　P 波帶給人的感受是地表、房屋等上下震動，不過震動量通常較小；而 S 波帶給人的感受，則是歷時較長而且強烈的水平搖晃，所帶來的破壞性通常也較高。

　　P 波是最早到達的波。地球物質在實體波經過時，質點間的震動方向屬於前後震動，也就是說震波以前後壓縮、縱波的方式向外傳遞，稱為「P 波」。P 代表「主要」(Primary)或「壓縮」(Pressure)。P 波被稱為主要是因為 P 波的傳播來自於在傳播方向上施加壓力，是所有地震波裡最快的波，因此也會是地震儀第一個記錄到的波。聲波在氣體中也藉此傳播，所以有時地表也可聽到地震的聲音。

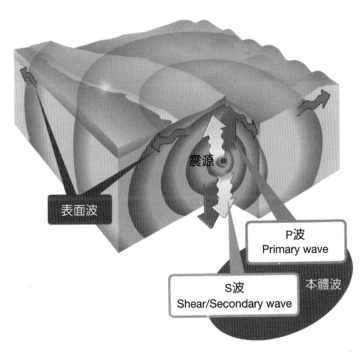

圖 4.8　地震會產生縱波（P 波）及橫波（S 波）的本體波，也有表面波

資料來源：摘至及請參考中央氣象局數位科普網－地震的律動

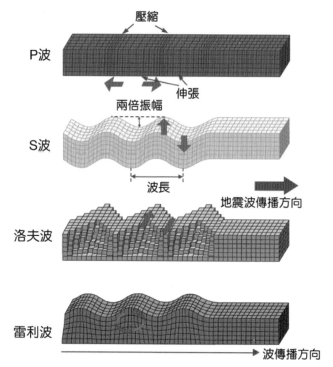

圖 4.9　地震的縱波（P 波）及橫波（S 波）及洛夫及雷利表面波

資料來源：摘至及請參考中央氣象局數位科普網－地震的律動(cwb.gov.tw)

　　S 波到來的比 P 波晚，同樣是由地震的岩石錯位直接產生。S 波中的 S 代表次要(Secondary)或剪力(Shear)。在 S 波的行進過程中，不同於 P 波的振動方式，S 波影響的質點會在上下或左右方向震動，以橫波的方式前進。S 波的波速雖然較慢，約為 P 波的 0.58 倍，但是振幅較大，約為 P 波的 1.4 倍。由於當地震波從地底來到地表時，S 波的震動方向平行於地表的分量較多，較容易水平拉扯建築物，而一般建築水平耐震能力較弱（因為垂直聳立），如圖 4.10 及圖 4.11 故 S 波經常是造成地震破壞的主因。

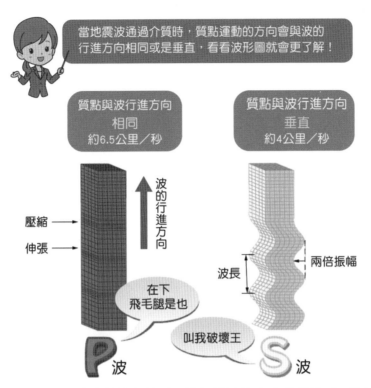

圖 4.10 地震波速快的縱波（P 波）及破壞力大的橫波（S 波）

資料來源：摘至及請參考中央氣象局數位科普網－地震的律動(cwb.gov.tw)

4.5.2 表面波雷利波洛夫波

表面波不是體波。他只沿著地球表面傳遞，能量只分布於表層而不深入內部。地震波後產生的波，即是由 P 波和 S 波彼此干涉疊加而來。如果一場地震中表面波有出現的話，他的速度會比 S 波更慢，但威力更大。

P 波及 S 波干涉形成的表面波稱為「雷利波」(Rayleigh Wave)，又稱為「地滾波」。雷利波頻率低、震幅大，一般速度小於每秒三公里。在垂直面上，受雷利波影響的粒子呈橢圓形振動，類似長的海浪起伏。垂直向地震儀收到的都是雷利波。

洛夫波的傳遞方式是由 S 波相互干涉的表面波為洛夫波或「L 波」(Love Wave)。洛夫波的振動只發生在水平方向上，沒有垂直分量，以「左右搖晃」的型態在地面上前進。

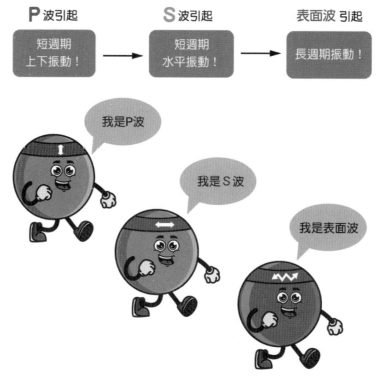

圖 4.11　各種地震波速快的週期及震動

資料來源：摘至及請參考中央氣象局數位科普網-地震的律動(cwb.gov.tw)

　　洛夫波的特色是側向震動振幅會隨深度增加而減少。由淺源地震所引起的洛夫波最明顯。洛夫波的波速比雷利波快，約是 S 波的九成。

習題

(　) 1. 我們可以只藉由聲音而不需要看到就能辨認出不同樂器的聲音,是由於其　(A)頻率　(B)響度　(C)音調　(D)音色。

(　) 2. 介質中各質點的振動方向與波的行進方向互相垂直者,稱之為　(A)橫波　(B)縱波　(C)疏密波　(D)以上皆非。

(　) 3. 在一大氣壓的空氣中,溫度每上升 1℃,則聲速增加 0.6m/s。若 20℃時聲速為 343m/s,則 0℃時之聲速為若干?　(A)331m/s　(B)337m/s　(C)349m/s　(D)355m/s。

(　) 4. 獵人在 15℃之氣溫下開槍射擊,4 秒鐘後始聞回音,試求反射面之距離?　(A)680　(B)685　(C)690　(D)695　公尺。

(　) 5. 聲音的高低音是指波的　(A)頻率　(B)波長　(C)振幅　(D)波速。

(　) 6. 波前進的方向與介質振動方向平行的波稱為　(A)橫波　(B)縱波　(C)上下波　(D)左右波。

(　) 7. 水波是一種　(A)縱波　(B)橫波　(C)上下波　(D)左右波。

(　) 8. 聲音的特色由波的什麼決定?　(A)頻率　(B)波長　(C)振幅　(D)波形。

(　) 9. 下列有關聲波的敘述,何者錯誤?　(A)為縱波　(B)不需要傳播介質　(C)在不均勻介質中,會有折射現象　(D)聲波的速度隨溫度不同而改變。

(　) 10. 下列敘述何者正確?　(A)如果月球爆炸,地球上的人可以聽到爆炸聲　(B)在何頻率的聲波,不管多高或多低,人耳都可以聽得到　(C)聲波的振幅越大,音調越高　(D)空氣的溫度越高,聲波的傳播速度越快。

(　) 11. 聽診器能保持聲音的哪一項特性?　(A)響度　(B)音調　(C)音色　(D)速度。

(　) 12. 聲音的大小聲是指波的　(A)頻率　(B)波長　(C)振幅　(D)波速。

(　) 13. 室溫 10℃ 時,聲速為　(A)331.4　(B)337.4　(C)90　(D)343.4　(E)349.4　m/s。

(　) 14. 承上題,若標準音叉第一共振位置在 20 公分處,第二共振位置在 60 公分處,第三共振位置在　(A)60　(B)75　(C)90　(D)65　(E)100　公分處。

(　　) 15. 承上題，此音叉之頻率為　(A)512　(B)482　(C)422　(D)619 (E)715。

(　　) 16. 何者為誤？　(A)標準音叉之頻率為 512 或 511　(B)本校之待測音叉 之頻率比標準音叉頻率為高　(C)聲音為縱波　(D)夏天聲速比冬天 快。

(　　) 17. 已知海水的傳聲速度為 1350m/s，若測出聲納發出後再接收到聲波的 時間為 4sec，則海底的深度為若干公尺？　(A)5400　(B)4800 (C)3600　(D)2700。

(　　) 18. 水波槽實驗每 2 秒產生 20 個波動時，若所測得波長為 3cm，求其傳 播速率？　(A)15　(B)20　(C)30　(D)40　cm/sec。$(v = f\lambda)$

(　　) 19. 50 分貝的噪音是 20 分貝的噪音的多少倍？　(A)10　(B)100 (C)1×10^3　(D)1×10^4。

光　學

本章研究幾何光學的原理，包括折射、反射、面鏡、凹凸球面鏡、透鏡、眼睛症狀及光學儀器成像作圖及應用等。

5.1 折射與反射

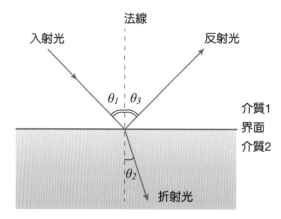

圖 5.1 折射與反射，入射角是 θ_1，折射角是 θ_2，反射角是 θ_3

介質的折射率 (Index of Refraction) n 等於「光在真空中的速度(c)」跟「光在介質中的相速度(v)」之比，即：$n = c/v$

比如水的折射率是 1.33，表示光在真空中的傳播速度是在水中傳播速度的 1.33 倍。折射率決定了進入材料時光的路徑彎曲或折射的程度。

折射率可以看作是輻射的速度和波長相對於它們的真空值減小的因素，頻率 $(f = c/v)$ 不受折射率的影響。結果，取決於頻率的人眼折射光的感知顏色不受介質的折射或折射率的影響。雖然折射率影響波長，但它取決於頻率，顏色和能量，因此彎曲角度的所得差異導致白光分裂成其組成顏色，這稱為色散。可以在稜鏡和彩虹中觀察到。

5.1.1 色散現象

同一介質中各色光波長大小關係為：$\lambda_{紅} > \lambda_{橙} > ... > \lambda_{藍} > \lambda_{紫}$，折射率大小關係為：$n_{紅} < n_{橙} < \cdots < n_{藍} < n_{紫}$

表 5.1 不同色光性質的比較表

入射角相同	波長	頻率能量	折射率	折射角	臨界角	速度	稜鏡偏向角	橫向位移
紅光	大	小	小	大	大	大	小	小
紫光	小	大	大	小	小	小	大	大

折射率的概念適用於從 X 射線到無線電波的全電磁波譜。它也可以應用於聲音等波動現象。在這種情況下,使用聲速代替光的速度,並且必須選擇除真空之外的參考介質。

5.1.2 司乃耳定律

當光波從一種介質傳播到另一種具有不同折射率的介質時,會發生折射現象,其入射角與折射角之間的關係,可以用司乃耳定律(Snell's Law)「折射定律」來描述。在光學裡,光線根據科技應用司乃耳定律來計算入射角與折射角。在實驗光學與寶石學裡,這定律被應用來計算物質的折射率。司乃耳定律表明,當光波從介質 1 傳播到介質 2 時,假若兩種介質的折射率不同,則會發生折射現像,其入射光和折射光都處於同一平面,稱為「入射平面」,並且與界面法線的夾角滿足如下關係:

$$n_1 sin\theta_1 = n_2 sin\theta_2$$

其中,n_1、n_2 分別是兩種介質的折射率,θ_1 和 θ_2 分別是入射光、折射光與界面法線的夾角,分別叫做「入射角」、「折射角」。

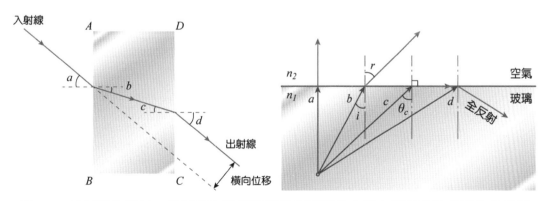

圖 5.2 折射與全反射,折射產生光線平移與密到疏的介質在臨界角時會產生全反射

當光線穿過平行板玻璃塊時，無論它進入或離開玻璃塊時，它都會折射。圖 5.2 顯示了穿過平行平板玻璃塊的光。AB 面平行於 CD 面，因此 $\angle b = \angle c$。從折射率與入射角和折射角之間的關係。可以得出 $\angle a = \angle d$，這意味著出射線與入射線平行，並且光線的方向沒有改變，只有產生橫向位移。

當光線從密介質 $(n_1 > n_2)$ 進入疏介質的時間，即 $n_{21} > 1$，因此折射角 $\angle r$ 將大於入射角 $\angle i$。當入射角 $\angle i$ 增大到一定情況時，折射線沿界面行進，即折射角 $\angle r$ 為 90 度，此時的入射角 $\angle i$ 稱為臨界角(critical angle, θ_c)，如圖 5.2 所示。它表明，如果入射角大於臨界角，則光線不會被折射，而是全部反射回原介質中。這種現象稱為內部全反射(total internal reflection)。

5.1.3　平面鏡成像的性質

由圖 5.1 知玻璃反射時 $\theta_1 = \theta_3$，從物體的尖端發出三條光線（實際上兩條光線就可以）然後依照反射定律畫出反射線。反射線是發散的，當這樣發散的光線進入眼睛的時候，眼睛就會找到反射線的延伸線，認為光是從 E 點發出來的。所以 A 點會成像在 E 點。

我們來看看平面鏡會有怎樣的成像性質。若 AF 線段垂直平面鏡，那 EF 線段也會垂直平面鏡。$\angle AFC = \angle EFC = 90°$ 另外 $\angle ACB$ 是入射角會等於反射角，又等於 $\angle ECD$（對頂角）。所以 $\angle ACF = 90° - \angle ACB = \angle ECD$。最後，$CF$ 線段為共用邊。所以 ΔAFC 和 ΔEFC 是全等的三角形。這樣就證明了物距＝像距，另外 AB 線段 $= FC$ 線段 $= ED$ 線段，就可以知道物長＝像長。

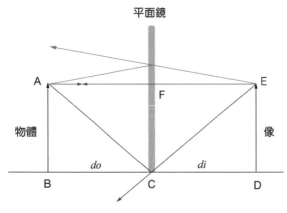

圖 5.3　平面鏡成像的原理

圖 5.4　平面鏡成像的結果

5.2 面鏡及透鏡成像的原理

5.2.1 凹凸球面鏡成像的原理

　　凹面鏡會會聚光線，光線會聚的一個小點稱為焦點。另外，如果將光源放置於凹面鏡的焦點處，所發出的光會平行發射出。凹面鏡成像的特點：

1. 如果物體在凹面鏡的焦點之外，則形成倒立的實像，影像與物體上下顛倒。

2. 如果物體在凹面鏡的焦點內，則形成正立的虛像，影像與物體左右相反。

3. 若以平行光射向凹面鏡，光在反射後會聚在凹面鏡的焦點上。

4. 將光源放在焦點上，光線反射後形成平行光線射向遠方。

　　凹面鏡的應用有手電筒、探照燈等。如圖 5.5 將燈泡放在焦點上，由手電筒的凹面鏡反射成平行光，增加光的光度均勻度與遠度。圖 5.7 是在不同物距的凹面上正面成像的情況。

　　凸面鏡會使光線發散，無論物體放置在凸面鏡前面的任何位置，其所產生的像都是正立縮小的虛像。因此，凸面鏡成像的特點：

1. 物體在凸面鏡後面會形成一個正立的虛像，影像與物體左右相反。

2. 視野更寬，影像更小，即像高度會小於物高。

　　圖 5.6 及圖 5.8 是轉角凸面鏡增加視野實境圖及凸面鏡的成像原理。表 5.2 是凹面鏡成像情形的整理及表 5.3 凸面鏡的成像整理。

圖 5.5　凹面鏡焦點的光源變成平行光

圖 5.6　凸面鏡看轉角視野

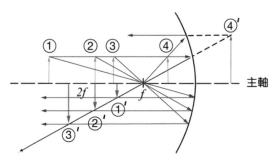

圖 5.7　凹面鏡成像的原理

表 5.2　薄凹面鏡成像情形

像的性質 物體位置		位置	實虛像	正倒立	放大縮小
凹面鏡	無窮遠處($p=\infty$)	焦點上	實		一點
	兩倍焦距外($p>2f$)①	球心與焦點間①'	實	倒	較小
	兩倍焦距上($2f$)②	兩倍焦距上②'	實	倒	相等
	一倍焦距到二倍焦距間($2f>p>f$)③	兩倍焦距外③'	實	倒	較大
	焦點上($p=f$)	無窮遠			
	焦點內($p<f$)④	鏡後④'	虛	正	較大

表 5.3　薄凸面鏡成像情形

像的性質 物體位置		位置	實虛像	正倒立
凸面鏡	無窮遠處	焦點上	虛	
	鏡前	鏡後焦距內	虛	正

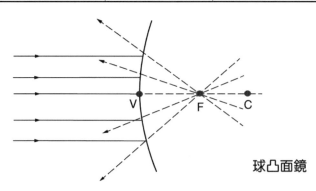

球凸面鏡

圖 5.8　凸面鏡成像的原理

5.2.2　凸凹薄透鏡成像的原理

一、凸透鏡成像構造方法

　　點光源發出的光線很多，但其中有三種特殊光線經透鏡後傳播方向為已知的，即發光點不在光主軸上時，這三種光線分別為：

1. 與主光軸平行的光線，會穿過透鏡頭後，通過像側的焦點。

2. 穿過物側焦點的光線，會穿過鏡頭後，進行方向會與主光軸平行。

3. 穿過鏡片光學中心的光線，在穿過鏡片後方向不變。

　　在實際繪圖中，利用這三種光線中的任意兩條，就可以得到發光點 P 的像點 J。物體上每一個點的圖像組合幾來，就是物體的像。繪製時，通常只需要作出物體上兩個端點的像即可，如圖 5.9(a)及圖 5.10 所示，或表 5.4 的整理。

二、凹透鏡成像構造方法

　　當一個物體被凹透鏡成像時，用兩束已知傳播方向的光線。當發光點不在主軸時，兩束光線為：

1. 與主軸平行的光線，經過凹透鏡後，折射的光線，會反向經延長線穿過像側的焦點。

2. 通過光心的光線，經軸凹透鏡後方向不變。如圖 5.9(b)及或表 5.5 的整理。

　　用作圖法來獲得像，從物點 A 發出的兩束光線，平行經過凹透鏡後，進一步發散，它的反向延伸到相交到點 A'處。A'是 A 點的像，B'是 B 點的像。

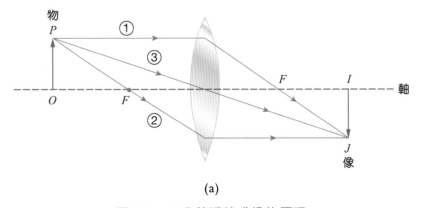

(a)

圖 5.9　(a)凸薄透鏡成像的原理

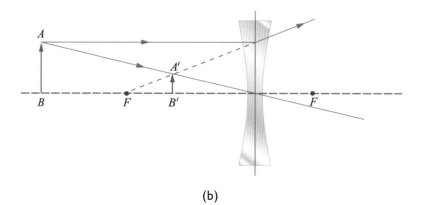

(b)

圖 5.9 (b)凹薄透鏡成像的原理（續）

表 5.4 薄凸透鏡成像情形

物體位置 / 像的性質		位置	實像或虛像	正立或倒立	放大或縮小
凸透鏡	無窮遠處	焦點上	實		一點
	兩倍焦距外①	鏡後 f 與 2f 間 ①'	實	倒	較小
	兩倍焦距上②	兩倍焦距上②'	實	倒	相等
	一倍焦距到二倍焦距之間③	兩倍焦距外③'	實	倒	較大
	焦點上	無窮遠			
	焦點內④	鏡前④'	虛	正	較大

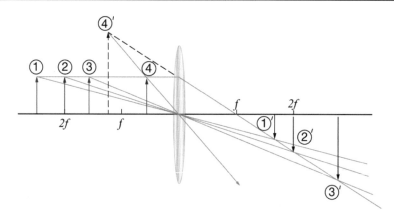

圖 5.10 薄凸透鏡成像情形圖

表 5.5　薄凹透鏡成像情形

物體位置	像的性質	位置	實像或虛像	正立或倒立	放大或縮小
凹透鏡	無窮遠處	焦點上	虛		一點
	鏡前	鏡前焦距內	虛	正	較小

5.2.3　眼睛與照相機構造與成像的比較與特性

表 5.6　眼睛與照相機構造與成像的比較

	鏡頭	成像裝置	改變焦距	像的性質	成像位置	照遠物
眼睛	水晶體	視網膜	調整水晶體的曲率	縮小倒立實像	鏡後 1 倍焦距到 2 倍焦距之間	調整水晶體曲率使焦距變大
照相機	凸透鏡	底片	換凸透鏡	縮小倒立實像	鏡後 1 倍焦距到 2 倍焦距之間	縮短鏡頭到底片之間的距離

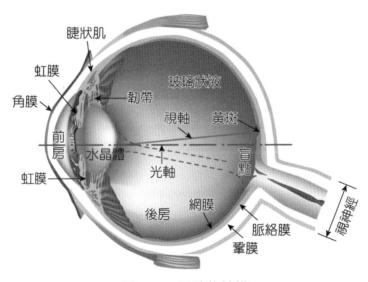

圖 5.11　眼睛的結構

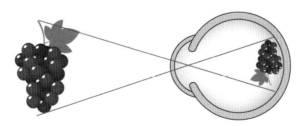

圖 5.12　眼睛成像結果

　　眼睛的結構，其中水晶體可以通過睫狀肌的伸縮來改變折射表面的曲率，從而調節焦距。它的作用有如可改變焦距的凸透鏡，將入射光聚焦在視網膜上，觸發視覺，使人清楚地看到他面前的場景。瞳孔可以根據入射光的強度自動擴展，在光強時收縮，在光弱時擴展，它的功能就像照相機的光圈。視網膜是極其精細具有三個彩色錐細胞的感光體。這些細胞的中心波長是大約 450nm 的藍光，550nm 的綠光和 600nm 的紅光。視網膜的功能就像數位相機的(CCD)感光元件或傳統相機的膠卷一樣。人眼的結構和受光成像過程極其複雜，但是簡單來說，圖像的形成是光線穿過角膜，穿透瞳孔並被水晶體折射。最後，在視網膜上形成一個倒置的，縮小的真實圖像，然後通過視神經傳輸到大腦。儘管產生的圖像是倒置的，但大腦會自動將其轉換成為正立的。因此看著場景時，我們不會覺得是倒立的。

　　各種呈像原理比較：照相機和眼睛是倒立縮小實像、放大鏡是正立放大虛像、光學顯微鏡是倒立放大虛像、望遠鏡是倒立縮小虛像。

5.2.4　各類型眼睛成像症狀

一、近視(myopia)及遠視眼

　　當眼球太長或由睫狀肌調節的水晶體的焦距仍然太短時，以致遠的場景只能在視網膜前面成像，此時可以使用凹透鏡來增加入射光的發散度，以便可以將遠處的物體成像在視網膜上，稱為近視眼。相反之，當眼球太短或由睫狀肌調節的晶狀體的焦距仍然太長時，附近的場景只能在視網膜後面成像，從而很難看見近物，這稱為遠視，如圖 5.13 所示。遠視的人可以使用凸透鏡來矯正。增加入射光的會聚並估計視網膜上的圖像。

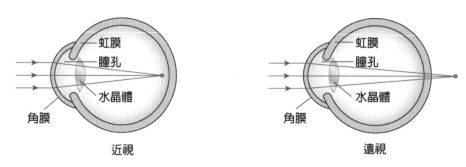

圖 5.13　近視及遠視眼成像偏差情形

二、老花眼(Presbyopia)

　　還有另一種與遠視眼非常相似的情況，即老花眼。這是因為水晶體的彈性變差（老化），並且隨著年齡的增長，近點變長，矯正方法與遠視同。或是白內障手術後，原水晶體被人工晶體置換，而焦距調節能力不足。

三、散光／亂視(Astigmatism)

　　散光或稱為亂視，這是由於眼球前的角膜曲率不均勻引起的，它不是正常的球形表面，導致物體的圖像無法在某一點會聚，而是模糊的圖像，這有點像開車時下雨，雨滴或雨痕無法被雨刷刷掃乾淨，而形成模糊的街景圖像。

　　我們已經了解，當我們的眼睛患有近視和老花眼時，我們需要使用鏡片來矯正它們。眼鏡的度數如何計算？眼鏡的屈光力度數是通過將鏡頭焦距（以米表示）的倒數乘以 100 得出的，即，如果眼鏡鏡片的焦距為 f 米，則眼鏡的屈光力度數為 $100/f$。

例 1　將一副眼鏡放在太陽下，將太陽光聚焦到一個光點上。光點距鏡頭 25 厘米。這眼鏡是近視眼鏡還是老花鏡？是多少度數？

解　1. 透鏡可以聚光，它是凸透鏡，因此應該是老花眼鏡（或遠視眼鏡）
　　　 2. 太陽光是平行光，它將太陽光聚焦成一個光點，這表明這光點是焦點，從焦點到鏡頭的距離是焦距，眼鏡的度數是 $100/f = 100/0.25 = 400$（度）

5.3　雷射光及應用

　　雷射(Laser)是 "Light Amplification by Simulated Emissions of Radiation" 所組成，意思是「通過受激輻射產生的光放大」的縮寫。指通過刺激原子導致電子躍遷釋放輻射能量而產生的具有同調性的增強光子束。其特點包括發散度極小、亮度很高、單色性好、高相干性等。產生雷射需要「激發來源」、「增益介質」、「共振結構」這三個要素。雷射光通過三菱鏡不會色散成七色。

　　雷射光可以做光纖通訊、紅外線電視圖像監控、頭戴式顯示器、光纖感測、偏振光測量、全像測量、激光測距、紅外線溫度計耳溫及額溫槍測量。雷

射光也可讀取光碟機、雷射美容美膚醫療、LCD 背光板、雷射光校準、導彈導引、精密機械定位及雷射印表機等，高功率的二氧化碳雷射切割或焊接加工。

　　雷射光用在實驗室及戰場上是非常危險的，雷射事故中眼睛受害居首，受損後通常難以恢復，所以在日內瓦有限制使用雷射致盲武器的議定書，並於 1983 年 12 月 2 日生效，議定書並未禁止具有意外或連帶致盲效應的雷射武器，但必須採取一切可行預防措施來避免其致盲。二氧化碳等近紅外線 400~1400nm 雷射會影響視網膜，有立即失明風險；近紫外線 315~400nm 波長雷射會導致白內障；遠或中紅外線 1400-10^6nm 波長雷射會影響角膜，導致視覺模糊；遠或中紫外線 100~315nm 波長雷射會影響角膜發炎、畫盲等。目前雷射光用在清除無人機或外太空衛星非常有效。

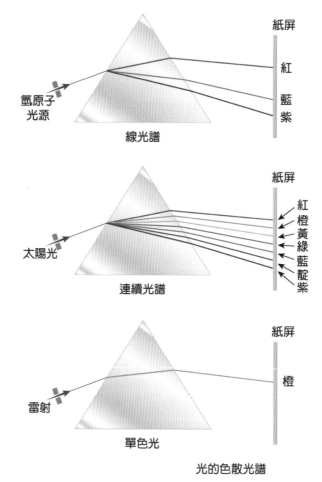

圖 5.14　氫原子、太陽光及雷射光得稜鏡的分光光譜

5.3.1　雷射及光纖傳輸的應用

　　光纖是用光的全反射傳輸信息，在發射端首先把要傳輸的信息（如話音）變成電信號，然後通過雷射器發射到雷射束上，光的強度會隨電信號的頻率一起變化，並通過光纖發射出去，在接收端，檢測器受到光信號後把它變成電信號，經過處理後恢復原信息。

　　到 1960 年代，雷射(laser)的發明才解決光通訊的第一項難題。1970 年代康寧公司(Corning Glass Works)發展出高品質低衰減的光纖則是解決了第二項問題，此時訊號在光纖中傳遞的衰減量第一次低於光纖通訊每公里衰減 20分貝(20 dB/km)的關卡。光纖通訊怕色散及衰減，現在使用波長 1300 奈米的磷砷化鎵銦(InGaAsP)雷射、這種光纖在傳遞 1550 奈米的光波時，色散幾乎為零，因其可將雷射光的光譜限制在單一縱模中繼器的間隔可達到 160 公里遠，光纖纜線包含一個纖芯(core) 、纖殼(cladding)以及外層的保護被覆(protective coating)。核心與折射率(refractive index)較高的纖殼通常用高品質的矽石玻璃(silica glass)製成，但是現在也有使用塑膠作為材質的光纖。又因為光纖的外層有經過紫外線固化後的壓克力(acrylate)被覆，可以如銅纜一樣埋藏於地下，不需要太多維護費用。

5.3.2　雷射及脈衝光美容美膚醫療

　　脈衝光除斑的好處是只產生痂皮、光點大可順便回春美化膚質。脈衝光並不是雷射，它是一個波段的光，涵蓋 550~1200nm 的光，或許我們可以把它視為是一種複和式的雷射。其能量的輸出可以是單脈衝、雙脈衝或三脈衝。只要選取不同波段的光，設定能量及脈衝數，脈衝光便可以打不同的病灶，表淺性的黑斑包括雀斑、曬斑、老人斑、肝斑以及發炎後的色素沉著。

　　「雷射」是一種單一波長的光，照射皮膚時會被組織吸收，藉由不同組織的光譜吸收特性不同，選用適當雷射可讓組織或黑色素遭受破壞，達到治療目的。雷射除斑的好處是光點小可針對獨立斑點治療、表淺黑斑可一次清除、深層黑斑效果佳。選用適當雷射可讓組織或黑色素遭受破壞，達到治療目的。我們可將美容雷射依作用分類，功率大可汽化突起物、除疤磨皮，如二氧化碳雷

射。或利用其光束能被皮膚之水分吸收的原理，產生高能量，準確地將皮膚表層汽化，去除皮膚上的凹凸缺陷。獨特的多脈衝式加熱功能及磨皮功能，可以刺激真皮層的膠原蛋白增生，達到除皺的效果，對於較深層的疤痕及皺紋也可達到治療效果，如鉺－雅鉻(Er: YAG)雷射使用的波長為 2940nm，這種雷射波長引起的皮膚熱傷害較少，術後傷口恢復快。

5.3.3　雷射及電磁波應用

　　電磁波是電磁場的交互波動。由物理實驗知電場的變化會產生磁場，同時磁場的變化也會形成電場，兩者以 90 度的交角，交互作用的向前傳送稱為電磁波。它與功和熱等相同，是一種能量，此種能量是以向空中輻射或利用導電體等兩種方式來傳送。電磁波大部分以光波波譜表示，γ 射線波長低於 0.01nm、X 光波長在 $10^{-10} \sim 10^{-12}$ m 之間、紫外線介於 0.1nm~0.1μm 之間、可見光介於 400~700nm 之間、紅外線介於 1mm~0.1μm 之間；微波的頻率介於 1~100MHz、電視電波介於 54~890MHz，例如電視頻道 7~13 的頻率介於 170~2200MHz、FM

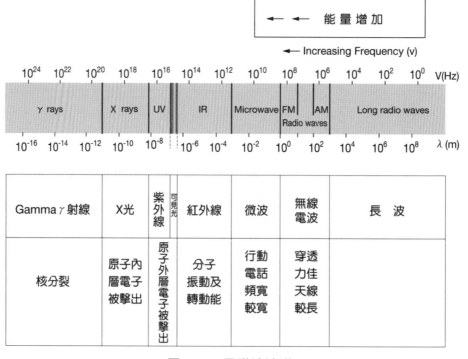

圖 5.15　電磁波波譜

收音機頻率介於 88~108MHz、AM 收音機頻率介於 0.53~1.7MHz。一般家庭電線為 60Hz。赫茲(Hertz,Hz)是頻率單位，表示每秒振動次數。60Hz 表示每秒振動 60 次。

◎電磁波有游離輻射及非游離輻射兩種

1. 游離輻射

是放射元素或 X 光所形成，它所產生的能量大，足以將分子結構打散成帶電的離子，會改變或損壞生物細胞，而導致病變。電磁波的能量和頻率高低成正比（ $E \infty f$ ， E 是 Energy（能量）； f 是 frequency（頻率））。X 光是將 2~3 萬伏特的電子加速，打擊銅靶，將原子最內層的電子擊出，電子能階改變而產生的，所以能量也相當高。當高能量電磁波把能量傳給其他物質時，有可能撞出該物質內原子、分子的電子，使物質內充滿帶電離子，這種效應稱為「游離化」，而造成這種游離化現象的電磁波就稱為游離輻射。

2. 非游離輻射

低頻的家電用品或行動電話在使用時所放出的電磁波，所產生的能量通常較弱，不足以將分子結構打散成帶電的離子，但影響效應仍然存在。又分為有熱效應的非游離輻射及無熱效應的非游離輻射。進入可見光頻率以內的電磁波及紅外線均無法造成游離化效應，稱為非游離輻射。

輻射傷害是指游離輻射（游離輻射會與身體內的物質搶奪電荷，產生離子破壞生理組織），311 事件後日本核電場破壞產生核輻射，其輻射塵也會放出伽瑪射線，會在人體內產生致命的游離輻射，大家避之唯恐不及。但是醫療的 X 光等儀器也是有類似效果。

非游離輻射則不具游離化能力，不會產生有害人體的自由化離子，大量非游離電磁波只會造成溫熱效應。這就好像做日光浴或站在燈泡下方一般，只要不在短期內傳太多能量給人體，生理組織就能加以調控，所以在安全範圍下長期接受非游離電磁波，並不會產生累積性傷害。圖 5.15 電磁波波譜知當電磁波進入紅外線的範圍，能量只足以讓分子振動及轉動。利用頻寬較寬的微波進行行動電話通訊，其能量低更屬於非游離輻射。家用的交流電為 110 伏特，頻率為 60 赫茲(Hz)，此種低頻電流，產生的磁場稱低頻磁場。環保署對低頻磁場標

準建議值為 833.3 毫高斯(milli Guass, mG)。

　　對每一個粒子而言，伽瑪射線、X 光能量高，可比喻成 10 公斤的岩石；紅外線、微波能量低，可比喻成彈珠或 BB 彈。同樣高度，10 公斤的岩石可砸死人，彈珠則否。但是可增加功率的 BB 槍，也可讓 BB 彈對人造成永久的傷害。

　　電磁波的發送及接收，必須要有適當長度的天線。早期收音機電視電波均需長天線接收，行動電話為了減少天線的長度及增加頻寬可增加資料的傳送，改成微波的頻率傳遞，家用微波爐的功率一般在 1,000 瓦特（增加功率）左右，手機約 5 瓦特左右，無法比較。2G 手機通訊的傳播頻率為 2.45 GHz，與微波爐及水分子的共振頻率(2.5 GHz)相同，確有會和身體的水分子共振而破壞人體的疑慮。將雞蛋夾在兩手機當中，讓它不停的接受來電上萬次，發現蛋會變性有煮熟的現象。總之過度使用，距離太近，都應避免。電磁波行動電話電磁波在人體中會具有吸收的累積效應，大約十年後才會明顯表現出來？手機通訊的傳播頻率漸變為 1.8GHz，應該不會與身體的水分子共振。

5.4　輔育光線 (Nurturing light)

5.4.1　遠紅外線是什麼？

　　我們一般能看到的光波為紅、橙、黃、綠、藍、靛、紫七色，其波長為 0.4~0.75 微米，超過此範圍的光波便沒法憑肉眼看到。紅外線的光波為 0.75~1,000 微米，而紫外線的則為 0.2~0.4 微米。

　　紫外線是一種化學線，具有殺菌作用，日常生活中多用於食物保鮮、殺菌和治療傷口等。而紅外線則是物理線，也是輔育光線，其特徵是溫熱作用較強，故被廣泛運用於醫療保健方面。它又可分為 0.76~4 微米的近紅外線、4~100 微米的遠紅外線及 100~1,000 微米的極遠紅外線。

　　4~100 微米的遠紅外線能促進人體健康，而稱為輔育光線(Nurturing light)、復育光線、療育光線、再生光線或生育光線，根據近年來急速發展的生命科學研究及應用，如圖 5.16，發現波長介乎 4~18 微米的遠紅外線與生物的生育有著密切關係，牙醫治療牙周病，婦產科治療不孕症，農業上利用 LED 紅外線促進豆類發芽及生長，病人老人的復育，其效果和針灸及按摩類似。

　　因為構成生物有機體的細胞，主要成分為水及高分子化合物，組成的分子與分子、原子與原子之間都有一定的吸引力，以達至相互平衡結合，像球與球之間以彈簧連繫一樣，並以某種固定頻率相互運動（如伸縮、轉角、曲折等），顯出生物生命之活力。當外來之能源如遠紅外線，其頻率與細胞構成之分子、原子間的運動頻率一致時，能量會立即被生物體細胞所吸收，造成共震共鳴；增加分子內的震動，活化組織細胞，並加速酵素活力和養分的供給，促進新陳代謝及健康。

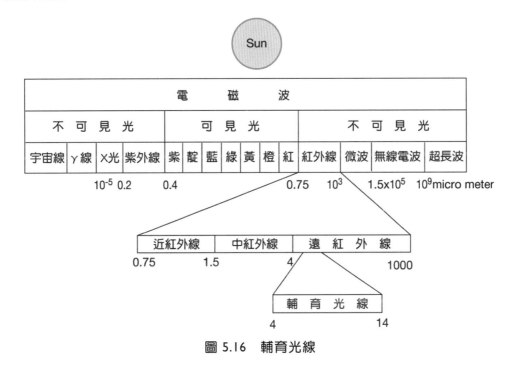

圖 5.16　輔育光線

5.4.2　人體也是遠紅外線的放射體

　　測試結果同時顯示，從人體皮膚所放射出來的紅外線波長約 3~50 微米，其中 8~14 微米的波長區域屬於遠紅外線，占人體放射總能量的 46%。

　　當光線不夠時，攝影機只能捕捉到單色影像，所以在監視器周圍會有紅外線補光，增加畫面解析度。我們可用手機攝影機觀察監視器是否開機，也可觀察家用紅外線遙控器是否有信號出現，來判定遙控器是否故障。

圖 5.17 紅外線添加光度攝影機在低光度（幾乎全暗）情形下，只有黑白影像

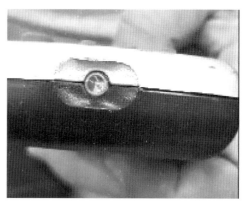

圖 5.18 添加紅外線的攝影鏡頭在黑夜 圖 5.19 遙控器使用時可由手機拍到紅外
中，可由手機拍到八個光點 　　　　光訊號

習 題

一、選擇題

( ) 1. 某電台發出 850 千赫的廣播頻率,求其波長? (A)398.9 (B)462.3 (C)517.2 (D)632.7 M。

( ) 2. 有一位身高 180cm,眼睛到頭頂 15cm 的人,若此人想看到全身的影像,求鏡子至少的長度 (A)60 (B)75 (C)82 (D)90 cm。

( ) 3. 承上題,鏡子的底部須離地面多高 (A)60.5 (B)75.5 (C) 82.5 (D)90 cm。

( ) 4. 光由空氣中射入於某介質,入射角為 60 度,折射角為 30 度,則該介質之折射率 (A)$1/\sqrt{2}$ (B)$\sqrt{2}$ (C)$1/\sqrt{3}$ (D)$\sqrt{3}$。

( ) 5. 承上題,求光在介質中的速度 (A) $C/\sqrt{2}$ (B) $\sqrt{2}C$ (C) $C/\sqrt{3}$ (D)$\sqrt{3}C$。(C 為光速 $3\times10^8\,m/sec$)($n = C/v$)

二、填充題

下表 a~h 各行代表不同的面鏡(包含平面鏡,因平面鏡可以看作是焦距和曲率平徑為無限大的鏡)。數字前無正負者,表該數可為亦可能為負,需讀者自行判斷。距離以厘米為單位,試將表中各空格填滿。

球面號	a	b	c	d	e	f	g
類型	凹					凸	
f	20		+20				
R				-40	-40		
q		-10		+30	-10	-4.0	
P	+10	+10	+30	+60			+24
M		1.0		0.50			0.50
是否實像		否					
是否正像							否

電　學

6.1　什麼是電？

　　電是靜止或移動的電荷所產生的物理現象。在大自然裡，電的機制給出了很多眾所熟知的效應，例如：閃電、摩擦起電、靜電感應、電磁感應等等。很久以前，就有許多術士致力於研究電的現象，但所得到的結果乏善可陳。直到十七和十八世紀，才出現了一些在科學方面重要的發展和突破，不過在那時，電的實際用途並不多。十九世紀末，由於電機工程學的進步，電才進入了工業和家庭裡。從那時開始，日新月異、突飛猛進的快速發展帶給了工業和社會巨大的改變。作為能源的一種供給方式，電有許多優點，這意味著電的用途幾乎是無可限量，例如：交通、取暖、照明、電訊、計算等等，都必須以電為主要能源。進入二十一世紀，現代工業社會的骨幹仍是電能。

　　早在對於電有任何具體認知之前，人們就已經知道發電魚(electric fish)會發射電擊。早於 15 世紀以前，阿拉伯人就創建了「閃電」的阿拉伯字"raad"，並將這字用來稱呼電鰻。

　　威廉・吉爾伯特(William Gilbert)指出，琥珀不是唯一可以經過摩擦產生靜電的物質，鑽石、藍寶石、玻璃等等，也都可以演示出同樣的電學性質，在這裡，他成功地擊破了琥珀的吸引力是其內秉性質這持續了 2000 年的錯誤觀念。吉爾伯特製成的靜電驗電器可以敏銳的探測靜電電荷。"electron"，希臘文的「琥珀」後來變成拉丁文及英文 "elektron"，班傑明・富蘭克林(Benjamin Franklin)做了一個風箏實驗，在雷雨中放風箏，將空中的閃電吸引過來，在風箏線另一端綑綁的一隻金屬鑰匙與富蘭克林的手之間，產生一系列的電花及感受到麻電的滋味，證實了閃電是電的一種現象。

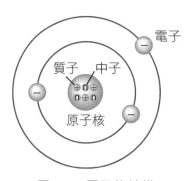

圖 6.1　原子的結構

　　電的本質是什麼？讓我們研究原子的結構，原子由電子、質子(proton)和中子(neutron)組成。在每個原子中，質子和中子密集地集成到一個稱為原子核(nucleus)的組織中。圖 6.1 原子核是一個直徑約為 10^{-12} cm 的球體，電子在核的外圍旋轉，其軌道約為 10^{-8} 厘米，是核直徑的一萬倍。電子的電荷稱為基本電荷，通過實驗測得的電量為 1.602×10^{-19} 庫侖；質子它帶有與電子相同數量的正電荷，但與電子性質相反；中子不帶電荷，電子的總數量與質子總數相等，正負相消；該原子對外界來說是中性的。

　　原子最外層的電子稱為價電子(valence electron)，如果兩個不同物體彼此摩擦，由於摩擦表面的緊密接觸，物體 A 表面上的一些電子可能會移動到物體 B 的表面，因此物體 A 上的電子總數為小於正常值，並且帶有正電荷；並且物體 B 上的電子太多，超過了它所包含的質子總數，因此它帶有負電荷。這樣，A 和 B 都成為帶電體。

　　摩擦生電可由原子模型解釋，原子最外層的電子受原子荷的束縛最小，容易因加熱、摩擦及光電現象而離開。此乃摩擦生電的原理。且發現受絲絹摩擦過玻璃棒，電子會轉移到絲絹，導致玻璃棒帶正電；毛皮摩擦硬橡皮，電子會轉移導致硬橡皮帶負電，電子會自毛皮轉移出去，所以毛皮帶正電。以一些物質摩擦，發現失去電子的趨勢：毛皮＞玻璃棒＞琥珀＞膠木＞硬橡皮＞臘＞法蘭絨＞絲絹＞人造絲＞尼龍。

6.2　庫侖定律

　　1785 年，查爾斯・庫侖(Chanles Coulomb)用扭秤(torsion balance)做實驗證實了普利斯特里的猜測，兩個帶電物體施加於彼此之間的作用力與距離成平方反比。他奠定了靜電的基本定律，即庫侖定律。根據實驗結果，庫侖提出兩靜止點電荷間靜電力的量值，與其電量的乘積成正比，而與其距離的平方成反比，這就是庫侖定律(Coulomb's law)，靜電力也可稱為庫侖力。 q_1 與 q_2 表示兩點電荷的電量，當其相距 r 時，其靜電力量值為 $F = k \, q_1 q_2 / r^2$，若 q_1 與 q_2 為同性電，則靜電力為排斥力；若 q_1 與 q_2 為異性電，則靜電力為吸引力。靜電力的方向沿著兩電荷的連線，滿足牛頓第三運動定律。

在國際單位制(SI)中，電量 q_1 與 q_2 的單位為庫侖(C)，距離 r 的單位為公尺(m)，靜電力 F 的單位為牛頓(N)，式中的比例常數 k，由實驗得知，在真空或空氣中其值為 $k = 9.0 \times 10^9$ N·m^2／C^2。或庫倫定律為 $F = k\dfrac{q_1 q_2}{R^2}$，其中 k 為常數，可定義 $k = \dfrac{1}{4\pi\varepsilon_0}$，可得 $\varepsilon_0 = 8.85 \times 10^{-12}$（庫侖）^{2}／牛頓（公尺）^{2}，稱為真空中的電容率。1 基本電荷 $e = 1.6 \times 10^{-19}$ 庫侖。

在 CGS 制時 $k = 1$，q 為靜電庫倫，$k = 1$ 達因公分 ^{2}／靜電庫倫 ^{2}

如圖 6.2 以硬橡皮帶負電電體靠近中性物體（下端絕緣），發現中性物體在靠近硬橡皮端會感應成帶正電，此種方式稱感應起電(charging by induction)生電，稱為靜電感應(electrostatic induction)，若將手碰觸另一端，則負電流入體內（接地），將硬橡皮拿離開原中性物體，則變成帶正電的物體。由於帶電體的接近（沒有互相接觸），而使一個導體內正、負電荷分離的現象，稱為靜電感應（適用於導體）。聚集於導體不同部分的局部正負電荷，稱為感應電荷。

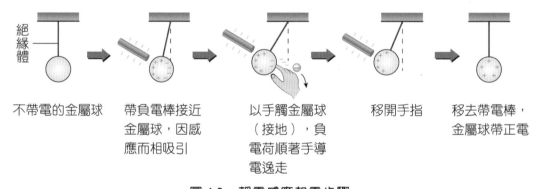

絕緣體

不帶電的金屬球　　帶負電棒接近　　以手觸金屬球　　移開手指　　移去帶電棒，
　　　　　　　　　金屬球，因感　　（接地），負　　　　　　　金屬球帶正電
　　　　　　　　　應而相吸引　　　電荷順著手導
　　　　　　　　　　　　　　　　　電逸走

圖 6.2　靜電感應起電步驟

表 6.1　靜電生電及感應三種情形

	摩擦起電	感應起電	接觸起電
適用對象	絕緣體	導體	導體
帶電情況	兩物體帶等量異性電	物體與帶電體帶異性電	物體與帶電體帶同性電

接觸起電是感應起電的後半段，當帶電體靠近小物體時會感應起電，互相吸引，但是碰觸到木屑、紙張及膠粒小物體時，會立刻跳開，物體與帶電體帶同性電相斥。

　　1800 年，亞歷山卓・伏打伯爵(Alessandro Volta)將銅片和鋅片浸於食鹽水中，並接上導線，製成了第一個電池「伏打電池」，堪稱是現代電池的元祖。伏打電池給予科學家一種比靜電發電機更穩定的電源，能夠連續不斷的供給電流。現在人使用檸檬插入一元銅錢幣和鍍鋅鐵釘也可串聯成電池，每個檸檬可提供 0.8 伏特的電壓，5 個檸檬電池就有 4 伏特。

　　電阻器是一種簡單的被動電機元件。顧名思義，電阻器阻礙電流的通過，以熱能的形式耗散其能量。歐姆定律是電路學的一個基本定律。這定律闡明，電阻器兩端的電壓與通過的電流成正比，其比例常數稱為電阻。甚至連導體都會有微小的電阻。金屬是導體。金屬線的電阻主要是因自由電子移動於金屬線所遭遇到的碰撞而產生。在適當的溫度值域和電流值域，大多數物質的電阻都會保持相當穩定。在這值域內，物質被稱為具有「歐姆性」。電阻的單位是歐姆(ohm)，是因格奧爾格・歐姆(Georg Ohm)而命名，標記為希臘字母 Ω。對於 1 安培電流，1 歐姆的電阻會造成 1 伏特的電壓。電阻與歐姆定律

$$R = \frac{V}{I} = \frac{電壓}{電流} \qquad 單位：電阻用歐姆 (\Omega) = \frac{伏特}{安培} \tag{6.1}$$

　　柱狀金屬導體的電阻：$R = \rho \frac{L}{A}$，導體長度 L 成正比、截面積 A 成反比，其中 ρ 為電阻係數或電阻率，單位為歐姆公尺(Ωm)。

　　只與物質特性、溫度有關，電阻率與溫度：$\rho = \rho_0 (1 + \alpha t) \alpha$，稱為電阻率的溫度係數，隨材料種類而異。

表 6.2　常見物質電阻係數

物質	電阻係數(Ωm)	物質	電阻係數(Ωm)
銀	1.59×10^{-8}	鉛	2.2×10^{-7}
銅	1.7×10^{-8}	鐵	1.0×10^{-7}
金	2.44×10^{-8}	鉑	1.1×10^{-7}
鎢	5.6×10^{-8}	鍺	4.6×10^{-1}
黃銅	8×10^{-8}	矽	6.40×10^{2}
汞	9.8×10^{-7}	玻璃	$10^{10} \sim 10^{14}$
石墨烯	1.00×10^{-8}	木材	$10^{8} \sim 10^{11}$
無定形碳	$5.0 \times 10^{-4} \sim 8.0 \times 10^{-4}$	石英	7.5×10^{17}

◎電阻與體脂含量關係，體脂計原理

　　人體組織中，脂肪不會導電，其他組織含有水分與電解質，是會導電的。體脂計運用「生物電阻法」，以輕微電流通過人體，測量不同組織的電阻反應，再帶入設定好的公式換算，得出體脂率。電阻越大，脂肪含量就越高。體內阻抗和交流電頻率有關，頻率越小電阻值變化越大，頻率越大電阻值趨於穩定。50kHz 為常見體脂計輸出的電流頻率。不同年齡、體重和性別等，脂肪和水比例會有差異。人體阻抗值容易受影響，測量時空腹、未做運動流汗會比較準確；會流手汗和不會者差異更大，不同測量姿勢也會影響結果。但是大量數據總有參考價值。圖 6.3、圖 6.4 體脂計能測試人體的電阻，然後換成體脂。

圖 6.3　體脂計只能測試人體下半部的電阻

圖 6.4　體脂計能測試人體頭以下的電阻，然後換成體脂，要脫鞋電流才會通過

　　一般而言，男生正常體脂率約在 15~25%，女生約在 18~30%之間。但是體脂率未必與體重正相關。看起來瘦的人，體脂肪可能很高；體重重的人如果常運動，體脂率就會比較低。

　　脂肪的體積是肌肉的 4 倍，肌肉的耗氧量是脂肪的 10 倍，所以有肌肉愛運動的人就不易肥胖。胖的人要先減脂，多運動才會生肌肉，要想藉由運動將脂肪直接變成肌肉好像不太容易。

6.3 電解與電導

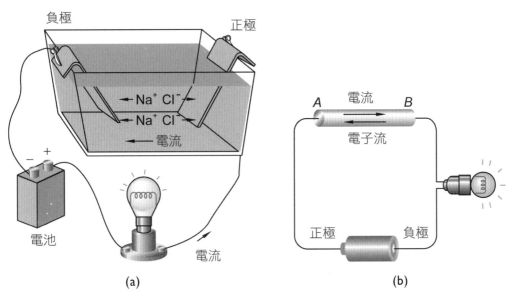

圖 6.5 電子流電解與電流效應

　　電傳導指的是電流從物質的某位置移動到另一個位置。電傳導的行為隨著帶電粒子和物質的不同而變化。例如：金屬傳導是電子移動於金屬類的導體；電解傳導是離子移動於電解液。雖然帶電粒子本身移動的很慢，有時候平均漂移速度小於 1 毫米／秒，由於作用於粒子的電場的傳播速度接近於光速，電子信號仍舊能夠快速傳播。

　　在溶液中的電反應稱之電解反應，測量溶液的導電性稱電導。電解可由法拉第電解定律求出關係式

$$析出之物質的質量\ W = (Q \times M)/(F \times Z) = (I \times t \times M)/(F \times Z) \tag{6.2}$$

　　M 是原子量，I 是電流強度（安培），t 是通電時間（秒）。F 是法拉第常數（$F = 96500$ 庫侖／莫耳），Z 是離子的價數，Q 是通過的電量（庫侖）（$Q = I \times t$）

　　計算為 $F = 1.6021 \times 10^{-19}$ 庫侖／電子 $\times 6.0221 \times 10^{23}$ 電子／莫耳 $\fallingdotseq 96500$ 庫侖／莫耳。若 $F = 1.602176634 \times 10^{-19} \times 6.02214076 \times 10^{23} = 96485.3321233100184$ ，一般計算方便用 $F = 96500$ 代入

1. 電解與電鍍用途

　　法拉第電解定律適用於一切電極反應，是溶液電反應中的基本定量定律。利用本公式可準確鍍出物體表面貴金屬的厚度，例如：半徑 2 公分的球要鍍銀，要帶入銀的原子量 $M = 107.9$，若電流 $I = 1$ 安培，時間 $t = 15$ 分鐘，則

$W = (1 \times 15 \times 60 \times 107.9) \div (96500 \times 1) = 1.0063\,\mathrm{g} = 1.0063 \times 10^{-3}\,\mathrm{kg}$，已知銀密度是 $1.05 \times 10^4\,\mathrm{Kg/m^3}$，得到鍍上去的體積為

$V(\text{volume}) = (1.0063 \times 10^{-3}) \div (1.05 \times 10^4) = 9.584 \times 10^{-8}\,\mathrm{m^3} = 9.584 \times 10^{-2}\,\mathrm{cm^3}$，

$A = 4\pi r^2$，鍍上去的厚度

$$d = V / A = 9.584 \times 10^{-2}\,cm^3 \div (4\pi r^2) = 9.584 \times 10^{-2}\,\mathrm{cm^3} \div (4 \times 3.1416 \times 2^2)\,\mathrm{cm^2}$$
$$= 1.9 \times 10^{-3}\,\mathrm{cm} = 19 \quad 微米厚$$

　　汽車在外行駛，難免會黏上昆蟲、鳥糞、焦油等，如果它們在車體表面「逗留」時間過長，汙染物表面的下面是缺電子處是陽極，旁邊沒汙染處是富有電子處是陰極，如此電子會流動，會產生電流效應於是產生腐蝕，零價鐵金屬釋出電子形成鐵離子就是生鏽。間隙腐蝕(crevice corrosion)是指車體表面有刮傷，間隙其寬度足夠讓水進入，遮蔽表面處是陽極，刮傷處是陰極，水是電解質導體會促進生鏽的電化腐蝕。在金屬底層使用電解、電鍍或無電鍍鎳等鍍層的技術，可以延緩生鏽的時間，保持鍍面及烤漆的完整及清潔才是防蝕較佳的方法。

2. 電導率或比電導

　　人體中含有的大量血液、淋巴液與腦脊液主要是水組成的，每個細胞也全充滿著水，是體重的70%左右。且有許多的電解質像鈉、鉀、鈣，溶解在人的體液中，便形成了帶電的離子可有電流通過。這些離子在外電場的作用下，於體液內作定向移動，便形成了電流，人體成了一個可移動的導體。

　　電解質的電導率（或比電導）是表徵電解質導電能力的物理量，國際單位制中單位為西門每米(Simen/meter)。電導率通過測量兩電極之間溶液的交流電阻來測定，以避免發生電解。測量電解質的電導率是工業和環境監測中一種測定溶液離子含量的常規方法，並且這一方法快速、低廉和可靠。

以人體來說，為了維持正常的血壓和心臟的需求，大腦會自動將血液的電導度維持在 12mS 的水準，也就是說，當喝了高電解質飲料時，整體血液的電導度上升，假設上升至 15mS，腎臟過濾後的尿液，就應該是 18mS，甚至於更高，才能將血液的電導度降回 12mS。至於寵物，應該也是類似情況，寵物的標準血液導電度是不是 12mS 則要再去研究，不過，基本觀念是如此。再延伸說明下去，如果當事人腎功能不好，又吃得太鹹，血液上升到 15mS，但腎臟無法讓高於 15mS 的電解質通過時，血液的導電度就無法降下來，造成人體的負擔（便是腎臟病病徵），這個時候，喝水會有幫助稀釋血液，同時會隨著濃度較低的尿液排出體外。如果能將食物的鹹度降低，減輕腎臟的過濾負擔，長期來說會比較健康。

鉀離子是體內含量最多的離子，約有 98%的鉀離子存在細胞內液，只有 2%分布在細胞外液。要維持細胞內外鉀離子的平衡，需要依靠鈉鉀離子幫浦(Na$^+$-K$^+$ pump)。鈉鉀離子幫浦以主動運輸方式 $Na^+ : K^+ = 3 : 2$的比例將鈉離子送至細胞外；鉀離子送至細胞內，維持細胞內有高濃度鉀。

腎功能不好，廢物及其他含導電度的物質不能隨尿液排出體外，所以尿液可以判斷腎臟功能。其中導電度是一個很好用的指標，在長期維持同樣飲食習慣的情況下，腎功能好者尿液的導電度相對高。

當腎功能正常時，腎臟中的腎小球之濾過率相對較高，腎小球濾過率相對高時，尿液的電解質越多，即代表電導率越高；反之，當腎功能發生問題時，腎臟中的腎小球之濾過率相對較低，腎小球濾過率相對低時，尿液的電解質變少，即代表尿液電導率越低，同時血中肌酸酐通過腎便尿排出率也相對低。久之血液中肌酸酐卻超量變成尿毒症。

肌酸酐是肌肉中肌酸的正常分解廢物，每 20g 的肌肉可以代謝出 1mg 的肌酸酐，經腎臟排出到尿液中。由於肌酸酐自腎絲球濾出到腎小管後將不會被再吸收，且產生的速率（肌酸代謝）穩定又沒有其他來源或影響（如飲食、運動量），所以，當「腎絲球過濾」(Glomerular Filtration Rate, GFR)出了問題，肌酸酐會滯留、累積在血液中，造成檢測時數值偏高。因此，可藉由血液肌酸酐濃度高低來評估腎功能的好壞。血中肌酸酐又與腎絲球濾過率有關。

在標準狀態下，若尿液電導率低，表示可能廢電解質沒排出標準量，過多留在血中，再測血液電導率及肌酸酐，接著配合腎絲濾過率來確定是否為慢性腎臟病。總之先測尿液電導率，再測血液電導率，再測肌酸酐的值來判斷腎功能，接著配合腎絲濾過率來確定，再記得定期追蹤飲食鈉、鉀、蛋白質的含量、尿液電導率、肌酸酐及腎絲濾過率檢查。腎絲濾過率有年紀的因素，最有參考價值。

6.4 直流與交流

在家用電器領域裡，電流又分為直流(Direct current; DC)及交流(Alternative Current; AC)。這些術語意指電流怎樣隨著時間變化。直流是一種單向的流動，從電路的電位較高部分流到電位較低部分，電池生成的電流是直流，大多數電子元件的運作都需要直流。

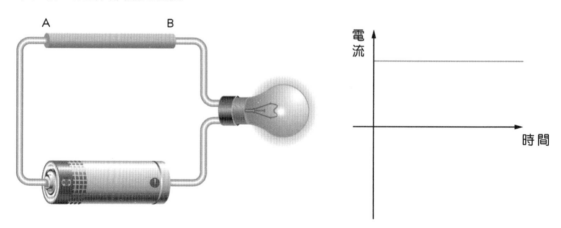

圖 6.6　直流電（電池）電流是直線

AC 交流是多次反覆流動方向的電流。電流的主要形式為正弦波，隨著時間流易而改變，交流會在導體內來來回回的振盪，但內中涉及的電荷並沒有任何淨位移的動作。經過時間平均，交流的電流是零，與直流在穩態狀況時不同，交流會被電路內的電容器或電感器等等所影響。

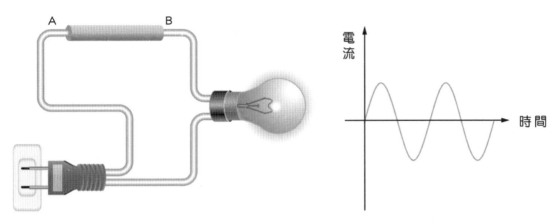

圖 6.7　交流電（牆上插頭）電流是交互變化的曲線

　　電路的閉合迴路內，為了滿足電荷守恆定律，從源點傳送出去的所有電荷都必須回到原點。電路裡的有許多種不同的電機元件，包括電阻器、電容器、開關、變壓器和電子元件等等。電子電路的主動元件，像真空管、半導體、熱敏電阻都屬於非線性歐姆性的電子元件。熱敏電阻(thermistor)是一種傳感器電阻，電阻值隨著溫度的變化而改變，且體積隨溫度的變化較一般的固定電阻要大很多。熱敏電阻的英文"thermistor"是由 Thermal（熱）及 resistor（電阻）兩詞組成的混成詞。熱敏電阻屬可變電阻的一類，廣泛應用於各種電子元件中，例如突波電流或湧浪電流限制器、溫度傳感器、可復式使用的無熔絲開關，以及自動調節的加熱器等。不同於電阻溫度計使用純金屬，但在熱敏電阻器中使用的材料通常是陶瓷或聚合物。兩者也有不同的溫度響應性質，電阻溫度計適用於較大的溫度範圍。

　　保險絲(Cutoffs fuse)又稱熔斷器、熔絲，是一種連接在電路上保護電路的一次性元件，可分為電流型及溫度型。當電路上電流超過額定值使其中的鉛合金線產生高溫而熔斷，溫度型會感應外殼溫度，超過額定值也會熔斷。熔斷會導致電流開路，以保護電路免受到電阻效應產生的高溫傷害。工業用臥式溫度保險絲，由主體先套上矽套管再押上鐵片，這樣的方式可絕緣且導熱效果佳。一般電器設備開機通電時或被雷擊中時，瞬間常會有突波電流，較正常工作電流高很多，若沒有突波抑制電路，而使用會立即熔斷的保險絲，會造成更換的困擾，所以汽車的引擎蓋下一般有全車整組的塑膠片狀帶金屬片或陶瓷管狀保險絲提供更換。為方便計，可重複使用的無熔絲開關是目前的安裝趨勢。為配合電路特性的需要，一般家用保險絲依外表及演進可分為若干類。

6.5 電流的磁效應

6.5.1 安培電磁定則

任何通有直流電的導線，在導線的周圍會建立磁場，此種現象稱為電流的磁效應。

$$B = K \frac{I}{r} \tag{6.3}$$

B 是磁場強度，I 是電流大小，r 是距離。稱安培右手定則：$B = \Phi / A = $ 磁力線／面積，$K = \mu_0 / 2\pi$，μ_0 是導磁係數 $= 4\pi \times 10^{-7} (T \times m / A)$，此稱安培定則。$T$ 是特斯拉(Tesla)，CGS 單位是高斯(G; Guass)

$$1T = 10^4 G \quad \text{或} \quad 1\mu T（微特斯拉）= 10 \text{ mG（毫高斯）} \tag{6.4}$$

家庭電器磁場強度較小，一般使用毫高斯(mG; milli Guass)或微特斯拉(μT,micro Tesla)。

表 6.3　低頻的家庭電器磁場強度測試結果

距離電器品	1 公分	1 公尺
電視	25~500（毫高斯）	0.1~1.5（毫高斯）
LCD	5~7（毫高斯）	0.2（毫高斯）
微波爐	750~2000（毫高斯）	2.5~6（毫高斯）
吹風機	60~2000（毫高斯）	0.1~3（毫高斯）
家庭電扇	200~1000（毫高斯）	0.2（毫高斯）
冰箱	5~17（毫高斯）	<0.1（毫高斯）
電鬍刀	150~15000（毫高斯）	0.1~3（毫高斯）
洗衣機	8~500（毫高斯）	0.1~1.5（毫高斯）
吸塵器	2000~8000（毫高斯）	1.3~20（毫高斯）
電磁爐	95~3000（毫高斯）	0.7~11.6（毫高斯）
除濕機	300~6000（毫高斯）	1.8~5.5（毫高斯）
電熱水器	100~2000（毫高斯）	0.5~3.6（毫高斯）

安培定律旨在判斷磁場強度與電流大小和導線距離之間的關係，若要判斷電流磁效應所生的磁場方向，則以「安培右手定則」判斷。將右手的大拇指朝著電線的電流方向指去，再將四根手指握緊電線，則四根手指彎曲的方向為磁場的方向為安培右手定則。

我國環保署於民國 90 年元月十二日公布「非游離輻射環境建議值」，依該建議值公式計算後：60 赫磁場建議值為 833.3 毫高斯(mG)，低頻的家庭電器磁場 5 公分外都會低於標準值，所以幾乎沒有傷害及危險。

6.5.2 螺線管中的磁場

螺線管中磁場與圓形棒的磁鐵相似，當有電流通過導線時，螺線管內部會產生均勻磁場。螺線管是很重要的元件。很多物理實驗的正確操作需要有均勻磁場。螺線管也可以用為電磁鐵或電感器。

$$B = \mu_0 n I \tag{6.5}$$

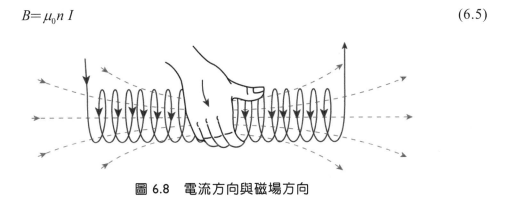

圖 6.8　電流方向與磁場方向

◎通電的導線在兩磁鐵中的磁場及磁力

利用左手的三根手指頭互相垂直成 90 度，拇指所指的方向是呈現導電體的運動方向，食指所指的方向代表磁場從 N 極到 S 極的走向，中指所指的方向是代表導電體上供應電流的方向。如圖所示佛萊明左手手勢介紹

$$\overline{F} = \overline{B} \times \overline{I} \times l \tag{6.6}$$

I 是導線中的電流大小（安培），B 是磁鐵磁場強度，l 是螺線管在磁鐵中作用的長度

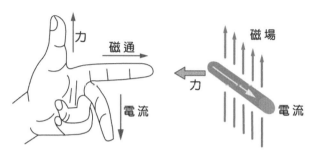

圖 6.9　線圈的電流、磁力方向與磁鐵的磁場方向

6.6　電磁感應

電磁感應是指放在變化磁通量中的導體會產生電動勢（此稱感應電動勢），若此導體閉合成一迴路，則會使電子流動，形成感應電流。

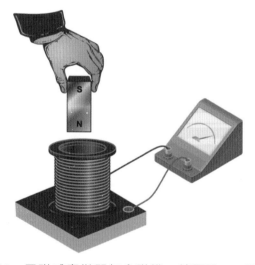

圖 6.10　電磁感應儀器包含磁鐵、線圈及 μA 電流表

6.6.1　法拉第定律

法拉第電磁感應定律發現平均感應電動勢 $\varepsilon = -\dfrac{\Delta\Phi_B}{\Delta t}$ ⟨6.7⟩

感應電動勢(ε)與磁場變化 ΔΦ（單位：韋伯，Weber, Wb）成正比。冷次發現感應電動勢係為了產生感應電流，以產生一感應磁場來反抗原有磁通量的變化，所以冷次定律只是在前面加了一個負號。

電磁爐的主要構造是一個多匝線圈，當交流電通過此線圈時，由於電流的磁效應，線圈會產生磁場。交流電之電流方向不斷在改變，所產生的磁場會隨時間改變而上下變化方向，頻率為 20KHz。上方放置一金屬鍋，根據冷次定律，金屬鍋底面會有上下變化之磁場，是由下方磁場所感應出來的。然而法拉第定律告訴我們隨時間變化之磁場在金屬鍋底面會產生感應電流。最後由於金屬鍋底面是有電阻的，根據電流的熱效應就會產生熱以加熱食物。

6.6.2　變壓器原理說明

儘管直流電的發明要早於交流電，但現在的商業用電是交流電。主要原因是交流電源可以通過簡單的方式改變電源電壓，電壓變化裝置稱為變壓器(transformer)。變壓器是一種可以升高或降低原始(primary, p)交流電壓的設備。變壓器的主要結構與疊層矽鋼板製成的鐵心相連，纏繞了初級線圈和二次線圈(secondary, s)。如圖 6.11 所示，初級線圈連接到交流電源，交流電用於在鐵芯中產生交流磁通。由於鐵芯中的磁通量，並產生了相應的電動勢，該電動勢用於適當的電路供電。

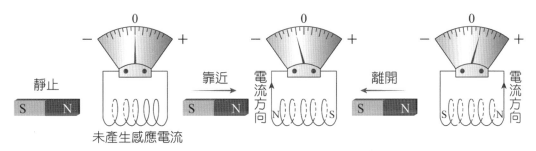

圖 6.11　電磁感應運動與電流方向相反

通常，如果二次側線圈的數量（ N_s 或 N_2 ）大於初級側線圈的數量（ N_p 或 N_1 ），即 $N_s > N_p$ 則該變壓器為「升壓變壓器」，相反，如果 $N_s < N_p$ ，則為「降壓變壓器」。

輸入電壓(E_p)／輸出電壓(E_s) ＝初級線圈數(N_p)／二次線圈數(N_s)(6.8)

變壓器處於理想狀態，它的初級線圈和二次線圈的功率相等。I_p 及 I_s 分別代表二類型線圈中的電流，則：

$$V_p \times I_p = V_s \times I_s$$

所以　$V_p / V_s = I_s / I_p = N_p / N_s$　或　$I_2 / I_1 = V_1 / V_2 = N_1 / N_2$ (6.9)

上面的公式顯示了電壓、電流和變壓器線圈的匝數之間的關係。

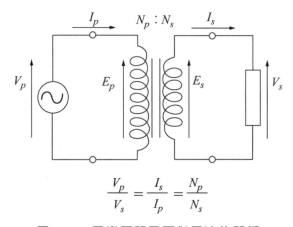

$$\frac{V_p}{V_s} = \frac{I_s}{I_p} = \frac{N_p}{N_s}$$

圖 6.12　電變壓器電壓與電流的關係

發電廠發電機產生的電壓僅為 11,000~22,000 伏特，必須使用變壓器將電壓增加到 154,000~345,000 伏特。然後通過超高壓輸電線將超高壓分配到每個城市或工業區附近的變電站，並再經過兩步降壓，使電壓降低到 11,000 或 22,000 伏，然後將其連接到家庭使用，最後轉移到地面變壓器或城市桿上的變壓器，然後將電壓降低到 110~220V 電壓下給用戶住宅使用。如圖 6.13 所示。

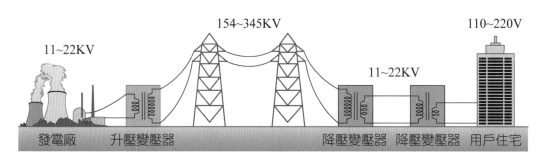

圖 6.13　輸電過程

6.7　用電安全

　　一般人的想法是每天都用電，那有什麼問題呢？問題是你對家庭用電了解多少？那才是真正的問題。以下你可能會遇到的事情：

　　家用電壓使用 110V 比 220V 更安全嗎？為什麼有一個主電源開關及分流開關？為什麼每個並聯開關指示的電流量不同？標有 20A 的分流開關是什麼意思？為什麼有時分流開關會自動關閉？為什麼有時總開關會自動關閉？為什麼有些插座有 2 孔，有些插座有 3 孔？有些 2 孔插座又大又小？為什麼所有 2 孔插座的電壓都為 110V？為什麼 3 孔插座的電壓為 110V，有些為 220V？

　　首先我們先來認識主開關和分流開關：

1. 主開關：從用戶的計費表連接到房屋的主電源開關。當主開關關閉或跳閘時，所有室內電源都將被切斷。

2. 分流開關：通常與主開關放置在同一開關盒中。

　　主開關通常位於頂部，標記的安培數最大，例如 100A；分流開關將排成兩排，指示的安培數可能為 10~20A 或 30A。大電流的並聯開關通常用於空調，洗衣機，乾衣機和其他消耗大量電能的電器，並分為兩個電壓：110V 和 220V。

6.7.1 **電路計算**

一、串聯(series)和並聯(parallel)與等效電路(Equivalent Circuit)

串聯時

它是每個元素的電勢差之和

$$V = V_1 + V_2 + V_3 + \cdots\cdots$$

$$I = I_1 = I_2 = I_3 = I_4 = \cdots\cdots$$

導線兩端的等效電阻(Equivalent Resistence)是每個元件的電阻之和。以 R 或 R_{eq} 代表等效電阻，則

$$R_{eq} = R = R_1 + R_2 + R_3 + R_4 + \cdots\cdots$$

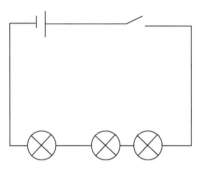

圖 6.14　電路串聯時

電路並聯時

$$I = I_1 + I_2 + I_3 + I_4 \cdots\cdots 之和$$

$$V = V_1 = V_2 = V_3 = V_4 = \cdots\cdots$$

$$\frac{1}{R} = \frac{1}{R_1} + \frac{1}{R_2} + \frac{1}{R_3} + \frac{1}{R_4} + \cdots\cdots$$

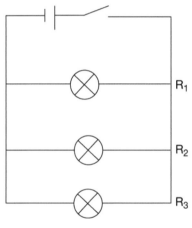

圖 6.15　電路並聯時

例 1　一個 9 伏(9V)電池，接兩個 10 歐姆電阻(Ω)燈泡，當開關接上時，串聯及並聯時，流過燈泡的電流是多少？

解　串聯時，等效電阻 $R = 10\Omega + 10\Omega = 20\Omega$
由歐姆定律 $V = IR$ 知道
串聯的等效電流得 $I = 9 / 20 A = 0.45A$ ，
因此流經串聯燈泡的電流為 $I = 0.45A$（安培）。
並聯時，等效電阻 $1 / R = 1/10 + 1/10$ ；$R = 5\Omega$
$9V = I(A) \times 5$ ；$I = 1.8A$（安培）

可以看出，在並聯連接中，導線兩端之間的等效電位差 V 與每個組件
兩端的電位相等。因此，電流過並聯燈泡的電流為

$$9V = I_1 \times 10\Omega$$

$$9V = I_2 \times 10\Omega$$

$$I_1 = I_2 = 0.9A$$

當電路複雜時可用克希荷夫定律(Kirchhoff Circuit Laws)來解釋，克希荷夫
發現「當電流通過一個迴路時，電源所提供的電壓等於迴路中各個電器所消耗
的電壓總和」稱電壓定律；電流所走的一個封閉電路，稱為一個迴路。

一般科學認為能量不滅，克希荷夫(Gustav Robert Kirchhoff)則發現電流也不
滅。流進節點的總電流等於從節點流出的總電流，節點是電流的分叉點，亦即
一個大電流會分成幾個小電流的點，稱電流定律。

插座、電扇、電鍋、電視和天花板上的照明燈等都是用並聯聯結，現在接
電器的延長線插頭也是用並聯，因為串聯開關，只要有一電器失效，後面的電
器就無法使用，而且電器需要的電壓要固定在 110V。

標有 20A 的分流開關或標有 20A 的延長線插座開關，如圖共有 6 個並聯插
座，使用電流為 5A、3A、4A、5A、3A、2A 時，無熔絲開關會跳脫，因為並聯
時 $I = 5 + 3 + 4 + 5 + 3 + 2 = 22A$ ，22A 超過開關的 20A 額定電流。要先減少電器，
再按下或打開無熔絲開關，才能使用。如圖 6.16 安全延長線，圖右中黑色是無
熔絲開關。電流量小的分路開關均是 110V 電壓，分別使用於不同的插座和天花
板上的照明燈。

圖 6.16　安全延長線，圖右中黑色是無熔絲開關

二、電線的標示

導線是指電器用品統稱為負載。由分流開關需要使用不同粗細和不同顏色的電線連接至負載（例如插座或燈），導線有紅色、黑色、白色和綠色四種顏色。各種顏色的電線的功能如下：

1. 紅色或黑色導線：用於會電人的火線。

2. 白線：用作電源迴路的中性線，沒有通電時電壓為 0V

3. 綠線：用於接地線，用於在電源關閉時防止觸電，無電時電壓為 0V。

表 6.4 列出了不同規格的線號和截面積。線號的編號越小，直徑越大，面積越大越粗。

表 6.4　電線規格表

編號	直徑	截面積(m²)
0	8.25×10^{-3}	53.5×10^{-6}
2	6.54×10^{-3}	33.6×10^{-6}
4	5.19×10^{-3}	21.1×10^{-6}
6	4.12×10^{-3}	13.3×10^{-6}
8	3.26×10^{-3}	8.37×10^{-6}
10	2.59×10^{-3}	5.26×10^{-6}
12	2.05×10^{-3}	3.31×10^{-6}
14	1.63×10^{-3}	2.08×10^{-6}
16	1.29×10^{-3}	1.31×10^{-6}
18	1.02×10^{-3}	0.823×10^{-6}
20	0.812×10^{-3}	0.517×10^{-6}
22	0.664×10^{-3}	0.326×10^{-6}
24	0.511×10^{-3}	0.205×10^{-6}
26	0.405×10^{-3}	0.129×10^{-6}
28	0.321×10^{-3}	0.081×10^{-6}

三、插座類型

（一）3 孔插座分為以下兩種類型

1. 220V 3 孔插座，圖 6.17 是電壓為 220 伏特的 3 孔插座。圓孔是電壓為 0V 的中性線，其餘 2 個孔是會電人的火線。每一火導線和中性線之間的電壓為 110V，兩根帶電導線和中性線之間的總電壓為 220V。

圖 6.17　110 伏特插座

2. 110V 3 孔插座，圓孔是電壓為 0V 的接地線，並且其餘 2 個孔中的一個是電人的火線，另一個是電源迴路的中性線。沒有電源時電壓為 0V，火線和中性線之間的電壓為 110V。

（二）2 孔插座分為以下兩種類型

1. 舊式具有相同插孔尺寸的兩孔插座，其中之一是會電人的火線，另一個是電源迴路的中性線。沒有電源時，電壓為 0V，火線和中性線之間的電壓為 110V。

2. 插孔 1 大和 1 小的插座插孔，小孔是會電人的火線，大孔是電源電迴路的中性線，無電時電壓為 0V，火線和中性線之間的電壓為 110V。

　　額定電壓為 110V 的電氣設備由於電壓不足而無法正常運行，因為所有串聯的電器都可以使用的總電壓為 110V。額定 110V 的電器不能使用 220V 電源，否則電器可能會損壞，更何況 110V 插頭規格不能插入 220V 插座。

6.7.2　電路正異常判斷

　　電路異常根據使用情況，可能具有以下兩種狀況：1.正常情況，電路可以正常工作；2.異常情況，電路無法正常工作。

電路的正常運行包括以下兩個條件：

1. 通路(closed)：電流在封閉的電路中流動（能夠）打開電源開關(on)後，電器正常運行稱為通路。

2. 開路(opened)：關閉電源開關(off)後，電器停止正常運行的情況稱為開路。

電路不能正常工作的異常現象包括以下三個條件：

1. 斷路(disconnected)：電路不通或電器無法正常運行。這種情況稱為斷路。

2. 短路(short)：電流沒有正常通過負載，而是經過電阻低的捷徑，稱為短路。

3. 漏電(fault)：部分電流沒有正常通過負載或在電路裡流動，而是流到不該出現的地方，稱為漏電。

◎保護裝置

為了保護用戶和家庭的安全，有必要在電路中安裝各種保護裝置，以免用戶受到電擊或傷害避免房屋引起火災。

常用的保護裝置有：

1. 熔絲開關(fuses)：當電路短路以產生大量電流時，或者所用電器的總電流超過分流開關可承受的最大電流時，電流熱效應所產生的熱量將導致保險絲燒斷，電路斷開，以免繼續加熱並引起火災。如果要繼續恢復正常路徑，除了排除熔斷的原因外，還必須更換新的熔絲。

2. 無熔絲開關(circuit breaker)：電路短路時，會產生大量電流，開關會自動斷開或啟動。排除熔斷的原因外，可直接重啟，不用更換新的熔絲，非常方便。

3. 漏電斷路器(Ground Fault Circuit Interrupter, GFCI)：只要有 4~6mA 漏電流，就會立即斷電。

4. 接地(ground)：可能會漏電的地方，避開人接觸的路徑，全接到地球，像避雷針就是此例。

保險絲(Cutoffs fuse)又稱熔斷器、熔絲，是一種連接在電路上保護電路的一次性元件，可分為電流型及溫度型。電流型指當電路上電流超過額定值使其中

的鉛合金線產生高溫而熔斷；溫度型會感應外殼溫度，超過額定值也會熔斷。熔斷會導致電流開路，以保護電路免受到電阻效應產生的高溫傷害。工業用臥式溫度保險絲，由主體先套上矽套管再押上鐵片，這樣的方式可絕緣且導熱效果佳。一般電器設備開機通電時或被雷擊中時，瞬間常會有突波電流，較正常工作電流高很多，若沒有突波抑制電路，而使用會立即熔斷的保險絲，會造成更換的困擾，所以汽車的引擎蓋下一般有全車整組的塑膠片狀帶金屬片或陶瓷管狀保險絲提供更換。為方便計，可重複使用的無熔絲開關是目前的安裝趨勢。為配合電路特性的需要，一般家用保險絲依外表及演進可分為若干類：

1.　條或絲狀：為早期原始型態的保險絲，直接以螺絲鎖定，用於各種尺寸的舊式開關、插座。如圖 6.18 最左為整捲條狀保險絲，一小條裝在陶瓷插座邊上，防止電流過大。

2.　片狀：塑膠片狀帶金屬片狀接腳為汽車保險絲。

3.　玻璃管狀：圖 6.18 中間為玻璃管狀保險絲，有幾種不同尺寸，常見於電子產品，有 6.3×32 mm（直徑×長度）及 5×20mm 兩種。

4.　陶瓷管狀，可避免玻璃爆裂。

5.　無熔絲開關。

6.　延長線插座附無熔絲開關；延長線插座沒有電時，可試著壓或按黑色按鈕再恢復供電，如圖 6.18 最右的裝置。不用換保險絲，較方便。

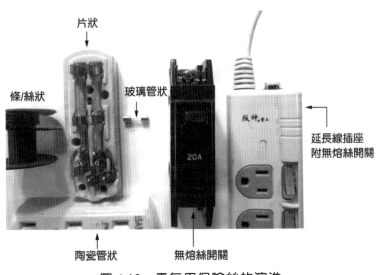

圖 6.18　電氣用保險絲的演進

經常觸摸電氣產品的人有觸電的機會，電擊對人體的傷害程度與以下三個因素有關：(1)電流量、(2)電流通過時間、(3)電流通過路徑。

人能感覺到的最低直流電壓(DC)約 40V，一般 4 個 9V 的串聯 36V 的電池是沒有感覺的；而開始危險的直流電壓約 60V，交流電壓約 30V。

表 6.5　流經人體的電流量和時間對人體的影響

電擊的影響	直流(DC)mA		交流 60Hz(AC)mA	
	男	女	男	女
1. 最小感知電流	5.2	3.5	1.1	0.7
2. 不感覺痛苦的電震，可活動	9	6	1.8	1.2
3. 已感覺痛苦的電震，可活動	62	41	9	6
4. 已感覺痛苦的電震，已無法忍受	76	51	17	10.5
5. 已感覺痛苦的電震，僵直無法呼吸	90	60	23	15
6. 心臟可能會產生不規則的心室纖顫 (ventricular fibrillation)電擊 3 秒	500	500	100	100
7. 嚴重灼傷，並立即造成致命危險，心臟產生不規則的心室纖顫（電擊 0.03 秒）	1300	1300	1000	1000
電死	（6 或 7）×2.75	（6 或 7）×2.75	（6 或 7）×2.75	（6 或 7）×2.75

如果電流不流經心臟或神經組織，則風險會降低。以下是避免電流流經心臟或神經組織的幾種方法：

1. 讓電流在手指之間流動，最好在姆指與食指的迴圈中通過，不要讓電流在左手和右手之間流動。

2. 讓電流在腳趾之間流動，不要讓電流在左右腳之間流動。

3. 盡量讓腳與電氣設備絕緣。

4. 盡可能用一隻手觸摸或操作電氣設備，以免洩漏電流在四肢之間流動。

人體兩點之間的電阻約為 10,000~1000,000Ω。由於人體中存在各種離子，因此皮膚電阻相對較大。關係電阻相對較小。人體抵抗力與環境的濕度或乾燥

度有關。在乾燥條件下，左手和右手之間的阻力約為 500,000Ω。在潮濕條件下，左右手之間的電量可能降至 5,000Ω 以下，甚至只有 1,000Ω 左右。

如果你一隻手握住吹風機並一隻腳站在有水的浴缸中，則手腳之間的阻力約為 1,600Ω。根據洩漏電壓是 110V，流過人體的電流是($I = V / R = 110 / 1600 = 68.6$ mA)。它可能造成肌肉將失去控制，呼吸困難，半分鐘內造成傷害而致命。

印度在 2017 年及 2018 年雷擊死亡分別為 2850 及 2300 人，也有一天內有 107 人被雷擊死，悶熱要下雨時，離開大樹及鐵欄杆，關掉手機。手腳的毛因靜電吸引而豎起時，立刻蹲下，腳尖立起，腳跟併攏在一起，當雷擊至大地，電流會經過腳尖至腳跟，再流回大地。

新式 2 孔插座，插孔 1 大和 1 小的插座插孔，小孔是會電人的火線，大孔是電源電迴路的中性線。若是照規定 1 大和 1 小的插孔來插電，當淹水時，都是火線端與電源開關被關閉，若不照 1 大和 1 小的插孔來插電，淹水時水浸過插頭，兩電器間火線與中性線接通，漏電便出現。不照標準配電，淹水時電線杆漏電機會大，電線杆不可觸摸及靠近。竹竿是絕緣體，但是火災時，竹竿被烤成黑炭，變成良導體。火災時房屋未斷電，又經過消防水的浸濕，變成電的良導體；碳纖釣魚竿或炭化的竹竿更是良導電體，不可碰觸電杆或電線。

6.8 弱電系統

弱電(Light or Weak current)一般是指直流電路或音頻、視頻線路、網絡線路、電話線路，直流電壓一般在 32V，交流電為 36V 以內。家用電器中的電話、電腦、電視機的信號輸入（有線電視線路）、音響設備（輸出端線路）等用電器均為弱電電氣設備。智能建築的弱電系統，是智能建築中智能化群體的基本成員，也是智能建築的關鍵組成部分，並且是建築電氣專業人員日常工作的主要對象。弱電工程主要用於傳送電子訊息，如電視信號工程、通訊工程、廣播音訊工程、消防工程、安管監控工程等，擁有速度快、保真度高的傳送效果。

1. 弱電的傳輸方式較強電(110 V)多元

　　弱電傳輸可分為有線與無線 2 種，有線是藉由電線、無線則是透過電磁波，包含 WiFi、藍芽等傳遞途徑；而強電則因需要穩定的傳輸通道，皆需要電線輸送電力。

2. 弱電工程的交流電頻率高

　　與強電多為 60Hz 的工業用電頻率不同，弱電頻率往往皆以 kHz（千赫茲）、MHz（兆赫茲）等超高頻進行週期變化。

3. 弱電線路需與強電線路分開

　　由於強電線路的電磁場較強，若將弱電線路置於強電線路旁，訊號傳輸會被強電的磁場干擾，影響傳輸效果、甚至導致訊號中斷，甚至有造成火災的建築公安隱憂。

習 題

( ) 1. 將 10 歐姆與 20 歐姆的兩電阻並聯，接在 110 伏特之電源上。則該兩電阻於同時間內所耗電能比／等於　(A)1/2　(B)1　(C)2　(D)4。

( ) 2. 家庭電器電阻 50Ω，使用時流過電流 4 安培，求功率為　(A)800 瓦特　(B)200 瓦特　(C)0.08 瓦特　(D)2.5 瓦特。

( ) 3. 下列有關電磁波的敘述何者不正確？　(A)電磁波為橫波　(B)所有電磁波在真空中速度相同　(C)電磁波的傳播必需依賴物質作媒介　(D)可見光是一種電磁波。

( ) 4. 發電機所依據的原理　(A)庫倫定律　(B)電流磁效應　(C)電流熱效應　(D)法拉第電磁感應　(E)歐姆定律。

( ) 5. 電磁感應是　(A)只要有磁場就會產生電流　(B)有穩定的磁場才會產生電流　(C)必須磁場有變化才會產生電流　(D)穩定電流才會產生磁場。

( ) 6. 為了同時量測一電阻器中的電流及兩端電壓，下列哪一種電路的接法是正確的？

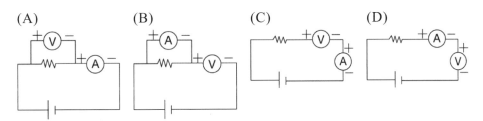

( ) 7. 一電器使用時，電流為 1.5 安培(A)，電壓為 120 伏特(V)，使用 500 分鐘，總共電功可換成為　(A)100　(B)20　(C)1.5　(D)5　度電。(1 度電=1 仟瓦小時)

( ) 8. 承上題 此電器為　(A)1/4　(B)1/3　(C)1　(D)1/2　馬力。(1Hp, 1Horsepower=746 watt)

( ) 9. 電荷容量表示方法是　(A)A　(B)μA　(C)mAh　(D)KV。

( ) 10. 下列何者有誤？　(A)聲樂家可以以高分貝之音波將玻璃杯震破　(B)室外是 35℃，但是走路或騎車過山洞又冷的發抖，因為地下兩公尺的泥土全年都是 17℃　(C)下雨了！快來這大樹下躲雨，又可避雷　(D)低頻的家用電器電磁波的標準建議值是 833 毫高斯(mG)。

能量與生活

7.1　能量的形式與轉換

自然界中能量會以各種形式出現，簡單的動能、位能及彈簧能可互相轉換，其他的熱能、光能及電能也可加入。工程師會考慮複雜的效率及亂度的問題，但是也可簡化成沒摩擦力沒風阻，使用焦耳的熱功當量來轉換，熱質說認為，熱量既不能被創造，也不能被銷毀。

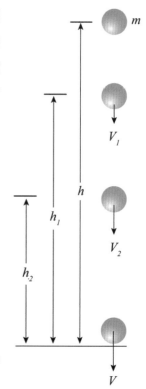

$$Mgh = Mgh_1 + \frac{1}{2}MV_1^2 = Mgh_2 + \frac{1}{2}MV_2^2 = \frac{1}{2}MV^2$$

由等加速運動 $V^2 = 2as$　　$s = V^2/(2a)$

功

$$W = Fs = (Ma)s = Ma\left[V^2/(2a)\right]$$
$$= \frac{1}{2} \times MV^2 = 動能(E_k) \tag{7.1}$$

圖 7.1　動能與位能

將物體或水提高

$s = h = height（高度）$

$F = Mg$

功 $W = Fs = (Mg)h = 位能(E_u)$ $\tag{7.2}$

動能 (E_k) ： $\frac{1}{2} \times MV^2 = 位能\,(E_u)$ ： $(Mg)h$

對於兩位置：能量守恆 $(E_u)_1 + (E_k)_1 = (E_u)_2 + (E_k)_2$

例 1 有一質量 2 公斤的球，在沒有摩擦力的物體上滑行如圖所示，甲點初速度為 10 公尺／秒，則到乙點的速度是多少？

解
$$Mgh_1 + \frac{1}{2}MV_1^2 = Mgh_2 + \frac{1}{2}MV_2^2$$

$$2 \times 9.8 \times 10 + \frac{1}{2} \times 2 \times 10^2 = 2 \times 9.8 \times 5 + \frac{1}{2} \times 2 \times V_2^2$$

$$V_2 = 198^{\frac{1}{2}} = \sqrt{198}$$

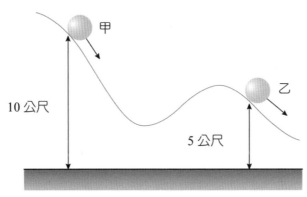

圖 7.2 動能與位能換算

小補貼：chapter 02 公式

$V_2^2 = V_1^2 + 2aS$ 變成 $V_2^2 = V_1^2 + 2gh$

$V_2^2 = 10^2 + 2 \times 9.8 \times (10-5)$

$V_2 = 198^{\frac{1}{2}} = \sqrt{198}$

例 2 棒球國手將一質量 0.1 公斤的球丟向天空，初速度為 60 公尺／秒，(1) 可丟置多高？(2)在 10 樓伸頭出來（40 公尺）的人被打到速度會多少？

解
(1) 能量會守恆 $(E_k)_1 + (E_u)_1 = (E_k)_2 + (E_u)_2$

$$Mgh_1 + \frac{1}{2}MV_1^2 = Mgh_2 + \frac{1}{2}MV_2^2$$

$$(Mg0)_1 + \frac{1}{2} \times 0.1 \times 60^2 = 0.1 \times 9.8 \times h + \left(\frac{1}{2} \times M \times 0^2\right)_2$$

$$h = 60^2 \div (2 \times 9.8) = 184 \text{ 公尺}$$

(2) $\left(\frac{1}{2}MV^2\right)_1 + (Mgh)_1 = \left(\frac{1}{2}MV^2\right)_2 + (Mgh)_2$

$\left(\frac{1}{2} \times 0.1 \times 60^2\right)_1 + (Mg0)_1 = \left(\frac{1}{2} \times M \times V^2\right)_2 + (0.1 \times 9.8 \times 40)_2$

$\frac{1}{2} \times 0.1 \times 60^2 = \frac{1}{2} \times 0.1 \times V^2 + 0.1 \times 9.8 \times 40$

$180 = 0.05\ V^2 + 39.2$

$V = 53$ 公尺／秒

彈簧(spring)的彈力位能與動能也能互相轉換，發條或彈簧手錶及玩具，可產生運動為

$$\frac{1}{2}kx^2 = \frac{1}{2}kx_1^2 + \frac{1}{2}MV_1^2 = \frac{1}{2}kx_2^2 + \frac{1}{2}MV_2^2 = \frac{1}{2}MV^2$$

E_{us} 為彈簧的彈力位能， $E_{us} = \frac{1}{2}kx^2$ （7.3）

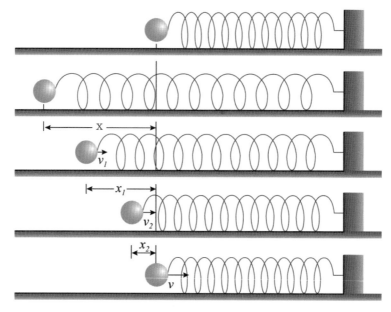

圖 7.3　彈簧的彈力位能

焦耳實驗：

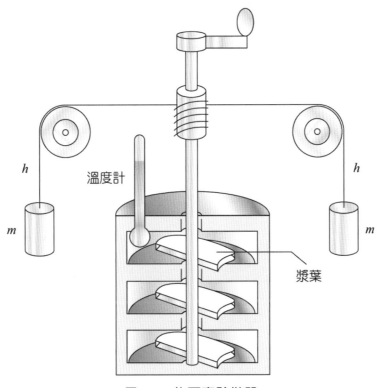

圖 7.4 焦耳實驗儀器

例 3　焦耳實驗中，以 6.00 公斤的重物，從高度 100.0 公尺處下降，旋轉槳輪，攪動 0.600 公斤的水，水溫由 15.00°C升至多少？（熱功當量＝4.1865 焦耳／卡）。

解　$H(\text{Heat}) = m（克）s（比熱）\Delta T(\text{cal})$

$Mgh = ms\Delta T \times 4.1865$

$6.0 \times 9.8 \times 100.0 = 600克 \times 1 \times \Delta T \times 4.186$

$\Delta T = 2.34 \qquad T_2 = 17.34°C$

表 7.1　熱量與消耗熱量的運動時間

食物名稱	熱量（大卡）	消耗熱量的運動時間	食物名稱	熱量（大卡）	消耗熱量的運動時間
奶茶 600ml	240	44 分鐘	小籠包（6 個）	374	68 分鐘
可樂 600ml	252	46 分鐘	火腿蛋餅	297	54 分鐘
柳丁綜合果汁 330ml	153	28 分鐘	皮蛋瘦肉粥	165	30 分鐘
紅茶 600ml	180	33 分鐘	培根起司蛋堡	322	59 分鐘
炸雞腿飯	825	150 分鐘	雞腿堡	411	75 分鐘
炸排骨飯	1055	192 分鐘	薯條	470	85 分鐘
滷雞腿飯（棒棒腿）	623	113 分鐘	炸雞腿	236	43 分鐘
滷雞腿飯（大雞腿）	807	147 分鐘	海鮮個人披薩	702	128 分鐘
紫米飯糰	418	76 分鐘			

例 4　小民重 60 公斤，午餐吃了雞腿堡 411 大卡，薯條 470 大卡及可樂 252 大卡，共多少大卡（千卡），需做多少功才能消耗的熱量？要運動幾小時？

解　小民吸收共 $411 + 470 + 252 = 1133$ 大卡

1 大卡 $= 4186$ 焦耳

需做功 $= 1133 \times 4186 = 4.74 \times 10^6$ 焦耳

需要運動 $= 75 + 85 + 46 = 206$ 分鐘 $= 3.43$ 小時

表 7.2　機械功 W 與電功 E 可互換

名稱	英文	公式	單位	
機械功	Work	$W = Fs$	J,焦耳	$W = E$
功率	Power	$P = W / t$	W,瓦特	
電功	Energy	$E = IVt$	J,焦耳	
電功率	Power	$P = W / t$	W,瓦特（焦耳／秒）	

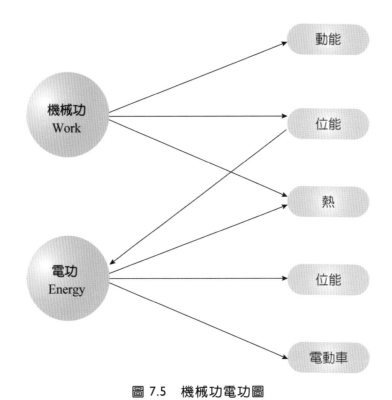

圖 7.5　機械功電功圖

s＝距離；h＝高度；g＝重力加速度；I＝電流；V＝電壓；t＝時間；T＝溫度

◎物理電功率單位

　　一馬力等於 746 瓦特（焦耳／秒），科技發達的臺灣每兩家就有一部 100 馬力(2000c.c.)的車子及 7 馬力(100c.c.)的機車；省電燈泡 23 瓦特約等於 100 瓦特鎢絲燈又等於 8 瓦特的 LED 燈是大家耳熟能詳的家電。但是物理功的單位為 Joules、焦耳、J，常令人感到生疏，因為一電度或一度電(kWhr)是一千瓦小時等於 $3.6×10^6$ 焦耳，當談及國家能源政策發電量時談及的數目非常巨大，計算繁雜常令人困惑！以家庭太陽能發電 $7.2×10^7$ 焦耳也只等於 20 度電，每度 5 元，台電只付你 100 元。功可以換成熱（卡），而熱功當量＝4.1865（焦耳／卡）又是營養師計算的依據，由焦耳變成卡再變成千卡（大卡），營養師所談論的運動減肥單位是千卡／小時，物理的卡則是小卡。

◎水的位能

將物體或水提高 $F = Mg$ ； $s = h = height$ （高度）

功 $W = Fs = (Mg)h = $ 位能

例 5 $1m^3$ 的水，其質量 $m = 1 \times 10^3 \, kg$ ，若水庫以 $2 \times 10^4 \, m^3 / s$ 的出水速度洩洪，水庫到下方發電廠的垂直高度是 80 公尺，求水庫可提供若干（千瓦）kw 的發電量？ (A) 8×10^9 (B) 1.6×10^7 (C) 8×10^{10} (D) 1.6×10^{10} 千瓦。（ $W = U = Mgh$ ，g 值以 $10 \, m / s^2$ ）

解 選項(B)。

位能 $= (Mg)h$

$P = W / t = (Mg)h / t$

$1 \times 10^3 \, kg \times 10 \, m / s^2 \times 80 \, m / (1m^3 / 2 \times 10^4 \, m^3 / s)$

$= 1.6 \times 10^{10}$ （瓦）

$= 1.6 \times 10^7$ （千瓦）

汽電共生是一種工業製程中的能源再利用技術，主要概念就是廢熱的回收再利用，以達到熱電共同使用的最佳效益。「後發電式汽電共生系統」是在生產過程有高溫製程的工廠中，將廢熱回收後以蒸汽帶動發電機的方式轉化成電能，這些電能既可再度投入製程中使用，亦可賣回給台電公司併入電網使用；另外目前亦有「先發電式汽電共生系統」，則是反過來先進行發電，再將發電過程中發電機的餘熱用於生產製程。

在計算電氣產品的電量時，電器手冊將指示額定系列，電壓和電功率 P。頻率和電壓可能與您無關，但是消耗電功率 P 的瓦特數(W)與您將來要支付的電費有關。表 7.3 是一般家用電氣產品的電功率。該表中的列表只是一個參考值。使用時間 t 越長，則消耗的電能 E，消耗的電能 E 和電功率 P 以及使用時間越高 $(E = Pt)$ 。

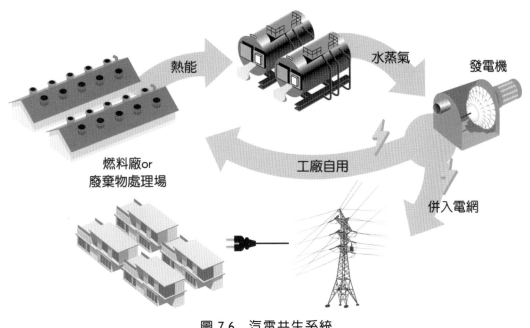

圖 7.6　汽電共生系統

資料來源：能源教育總中心汽電共生原理

7.2　電費計算

表 7.3　夏天的臺灣家庭電器耗電功率表及費用參考值

電器	功率 （W，瓦特）	小時	每月（30 天） 使用電度(kWh)	每電度 4 元
窗型冷氣空調	1000 （溫度設在 27℃）	5	150	600
電冰箱	150	24	108	432
洗衣機	230	0.5	12.6	50.4
電鍋	800	0.5	12	48
吹風機	1200	0.2	7.2	28.8
DVD 播放機音響	25	0		
彩色電視 27 吋	100	4	12	48
微波爐	900	0.5	13.5	54
筆記型電腦	50	4	6	24
電腦	300	4	36	144

表 7.3　夏天的臺灣家庭電器耗電功率表及費用參考值（續）

電器	功率 （W，瓦特）	小時	每月（30 天） 使用電度(kWh)	每電度 4 元
電扇兩台	50×2=100	8	24	96
烤麵包機	900	0.5	13.5	54
果汁機	800	0		
總和			394.8	1579.2

以上述表 7.3 來看，春及秋季電功率及費用，減冷氣機 150 電度要減 600 元，冬天再減電扇共 174 電度 696 元，剩 220.8 電度，電費約略為 660~880 元。因為發電結構不同約略為差異。

事實上，夏天電費前 100 度為 100×2=200 元，中間 150 度 150×3=450 元，最後 145 度為 145×4=580 元，總共 1230 元。以電熱水器燒水洗澡的家庭，冬天的電費可能比夏天還要高。

表 7.4　發電方法與電價

用電度數	100 度以下	100~250 度	250 度以上
發電方法	煤發電	天然氣發電	綠能發電
每度電電價	2.0 元	3.0 元	4.0 元

表 7.5　全世界 2005 年各國發電結構

國家	發電結構%						CO_2 排放係數 (Kg CO_2 e/度電)
	核能	抽蓄及水力	燃煤	燃油	天然氣	再生能	
澳洲	0.0	7.0	77.0	1.0	14.0	1.0	0.840
希臘	0.0	9.0	60.1	15.1	14.1	1.8	0.804
丹麥	0.0	0.0	55.0	5.0	21.1	18.9	0.689
臺灣	16.7	5.0	53.6	6.2	18.4	0.1	0.628
美國	19.0	7.0	51.0	3.0	16.0	4.0	0.608
德國	28.0	4.0	52.0	1.0	10.0	5.0	0.573
英國	22.0	2.0	35.0	2.0	37.0	2.0	0.531
南韓	37.0	2.0	39.0	9.0	12.0	1.0	0.527
日本	26.0	9.0	28.0	13.0	24.0	0.0	0.508

表 7.5 全世界 2005 年各國發電結構（續）

國家	發電結構%						CO_2排放係數
	核能	抽蓄及水力	燃煤	燃油	天然氣	再生能	(Kg CO_2 e/度電)
芬蘭	27.0	11.0	32.0	1.0	16.9	12.1	0.403
比利時	56.0	2.0	14.0	1.0	26.0	1.0	0.264
法國	78.0	11.0	5.0	2.0	3.0	1.0	0.082
挪威	0.0	99.0	0.0	0.0	0.0	1.0	0.000

資料來源： EPA "U.S. High GWP Gas Emissions 1990~2010:Inventories, Projections, and Opportunities for Reductions". GWP：全球暖化潛勢值(Global Warming Potential, GWP)

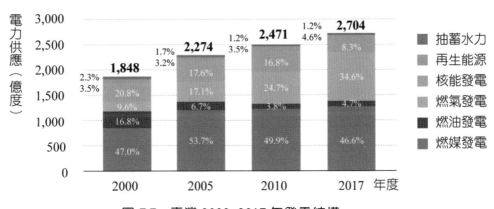

圖 7.7 臺灣 2000~2017 年發電結構

　　能量轉換的效率值，蒸氣渦輪外燃機是 45％，汽柴油內燃機是 18％，以效率與汙染以及溫室效應來看燃煤和燃油當然不好，根據經濟部能源局統計資料，現階段臺灣再生能源涵蓋項目包括慣常水力發電（川流式水力發電）、太陽光電、風力發電、地熱能、生質能與廢棄物發電六種，但臺灣的能源結構有八成來自石化能源，也大量仰賴進口，其餘的電力才是來自於核能、再生能源以及水力。若從國家戰略眼光以及國際上減碳的趨勢來看，要有效的掌握能源而不仰賴進口，發展再生能源是不可或缺的選項啊！但也不能全靠再生能源，畢竟再生能源是靠天吃飯，強烈颱風一來，暴露在外的設備，一定受損。

　　太陽光電、風力發電、地熱能雖然可降低二氧化碳的排放，但是看天吃飯，也有許多侷限，而且冒著每年颱風的侵襲，有長時間斷電的危險。

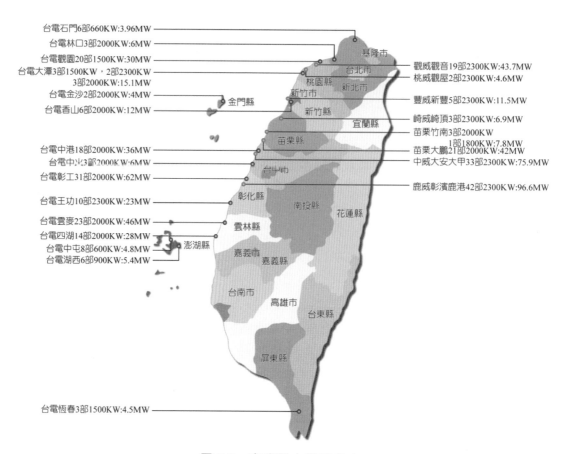

台電石門6部660KW:3.96MW
台電林口3部2000KW:6MW
台電觀園20部1500KW:30MW
台電大潭3部1500KW，2部2300KW
3部2000KW:15.1MW
台電金沙2部2000KW:4MW
台電香山6部2000KW:12MW
台電中港18部2000KW:36MW
台電中火3部2000KW:6MW
台電彰工31部2000KW:62MW
台電王功10部2300KW:23MW
台電雲麥23部2000KW:46MW
台電四湖14部2000KW:28MW
台電中屯8部600KW:4.8MW
台電湖西6部900KW:5.4MW
台電恆春3部1500KW:4.5MW

觀威觀音19部2300KW:43.7MW
桃威觀屋2部2300KW:4.6MW
豐威新豐5部2300KW:11.5MW
崎威崎頂3部2300KW:6.9MW
苗栗竹南3部2000KW
1部1800KW:7.8MW
苗栗大鵬21部2000KW:42MW
中威大安大甲33部2300KW:75.9MW
鹿威彰濱鹿港42部2300KW:96.6MW

基隆市
台北市
桃園縣 新北市
新竹市
新竹縣
金門縣
宜蘭縣
苗栗縣
台中市
彰化縣
南投縣 花蓮縣
雲林縣
澎湖縣
嘉義市
嘉義縣
台南市
高雄市 台東縣
屏東縣

圖 7.8　臺灣風力發電分布

圖 7.9　風力發電機要得到大的風場機器非常巨大

7.3 核反應及核能發電

核反應能效應高,由質能互換公式:$E=mc^2$原子核分裂所釋放的能量來自核反應前後所損失的質量。減少 1 公克的物質,可以產生 $E=0.001\text{kg}\times(3\times10^8)^2(\text{m}/\text{s})^2=9\times10^{13}J=2.5\times10^7$ 度電(Kwhr),如此巨大的能量,相當於 2500 萬度電,可提供普通家庭 3500 戶一整年的消費。

核反應有輻射,廢料也不易處理。核反應有:

1. α 衰變:$^A_Z X \rightarrow ^{A-4}_{Z-2} W + ^4_2 He$,W 原子序少 2,質量數少 4,$\alpha=\Delta A/4$

2. β 衰變:$^A_Z X \rightarrow ^A_{Z+1} W + ^0_{-1} \beta$,W 比 X 原子序多 1,質量數不變 $\beta=2\alpha-\Delta Z$

3. γ 衰變:$^A_Z X \rightarrow ^A_Z X + \gamma$,原子序、質量數都不變 $\gamma=\alpha+\beta$

表 7.6　放射線粒子為的種類及特性

放射線	α 射線	β 射線	γ 射線
游離氣體的能力	最強	其次	最弱
感光能力	最弱	其次	最強
穿透能力	最弱,一張紙片即可阻止	其次,2mm 厚鉛板可以阻止	最強,可穿透 1cm 厚的鉛板
受電場影響	向負極偏折	向正極偏折	不會偏折

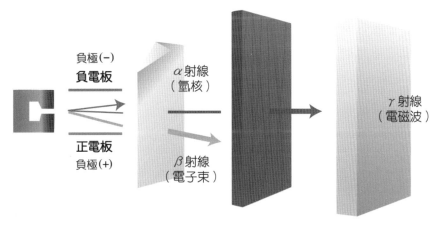

圖 7.10　三種放射線粒子穿透性質

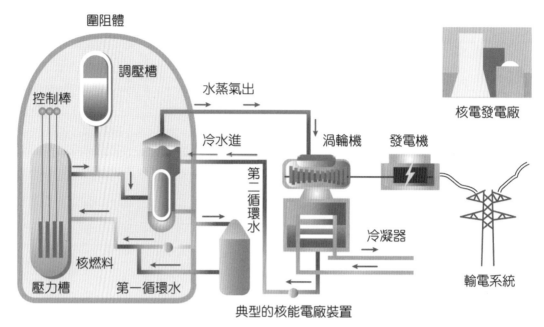

圖 7.11　典型核電廠裝置示意圖

◎核能安全

　　2011 年 3 月 11 日於日本東北外海發生 9.1 級大地震後，舉世震驚，海嘯和核災事故，更讓人重新考慮地震與海嘯產生的原因，一時廢核聲浪高漲。現在讓我們粗淺研究討論生成的原因，以免掉入日本海嘯和核災的宿命。

　　中洋脊是地球的大裂縫，從大西洋延伸至南半球的印度洋，再連結至南太平洋，從澳洲南部外海至美洲的巴拿馬附近海域。中洋脊整條線冒出岩漿或熔岩(lava flow)，遇海水冷卻後，是造出新板塊的地方。新板塊推動舊海塊向陸塊擠壓，最後在大陸邊緣，切入陸塊下緣稱為隱沒帶的地方。從隱沒帶繼續向下回歸地心（函）的懷抱再熔化。

　　中洋脊產生的熔岩海塊向陸塊擠壓，當切入大陸邊緣陸塊下，含水海塊遇熔岩，會混合上升形成火山。大部分的海嘯都是隱沒帶地震造成的，在此區域中海洋板塊受板塊構造運動驅使而下沉至地函。隱沒板塊與上覆板塊間的摩擦力非常的大，這個磨擦力避免了緩慢且穩定的隱沒作用發生，反倒是讓兩個板塊「卡住」。當釘住的板塊持續持續潛入地心（函），此舉會造成上覆板塊緩慢的扭曲變形，結果就會像是一個被壓縮的彈簧一樣累積了許多能量。積在上覆

板塊的能量能保存一段很長的時間，通常是數十年到好幾個世紀。能量在上覆板塊持續累積，直到它克服了兩個卡住的板塊間的摩擦力。當這一刻來到，上覆的板塊會瞬間反彈回原來未受壓力的狀態，這樣的瞬間運動就會地震，於是引發海嘯。

日本及阿拉斯加附近區域所測得的板塊聚合速度大約為每年 12 公分，且日本及阿拉斯加直接與太平洋板塊直接接觸，200 年來已發生五、六次的九級地震；臺灣因位於菲律賓海板塊之上，菲律賓海板塊與太平洋板塊接線，在關島附近島鏈上，已經有第一線的摩擦，產生一些地震，抵消一部分的能量，以致臺灣測得的板塊聚合速度大約為每年 7 公分左右，所以理論上臺灣只可能發生約 8 級以下的地震，地震傷害因橫波、縱波及表面波交互作用不易估計。但不會產生如日本般的大海嘯。因此，雖然核廢料不易處理，但是太陽能板的毒性也很強，發展核能要有理性，不能不明事理自己嚇自己。

習題

選擇題：

( ) 1. 有一標示 110V，500W 之電湯匙，放入裝有 1 公升 20℃純水的茶壺中。若不計水加熱期間熱量的散失，則要使茶壺中的水沸騰，最少需要的時間為　(A)11.2　(B)12.5　(C)22.2　(D)25　分鐘。

( ) 2. 輸出功率為 500W（瓦特）的電熱器，作用 5 分鐘後，能讓 2kg，20℃的水溫度約上升多少℃？　(A)15.6 (B)16.8　(C)17.9　(D)19.6　℃。

( ) 3. 焦耳實驗中，以 6.00 公斤的重物，從高度 100.0 公尺處下降，旋轉槳輪，攪動 0.600 公斤的水，水溫由 15.00℃升至　(A)15.31 ℃ (B)17.34℃　(C)16.17℃　(D)20.81℃　(E)25.42℃。（熱功當量 ＝4.1865焦耳／卡）

( ) 4. 下列何者有誤？　(A)三用電錶無法測交流電流　(B)測電阻時，不可與任何電源連接　(C)三用電錶可測電晶體　(D)測試時從小檔切換到大檔。

( ) 5. 一 500 瓦特的電熱器，使用 30 分鐘共生熱若干仟卡？　(A)215 仟卡 (B)175 仟卡　(C)265 仟卡　(D)115 仟卡。（熱功當量＝4.1865焦耳／卡）

( ) 6. 有一標示電流量 $I=10A$，電阻 $R=20$ 歐姆的電熱器作用 5 分鐘後，其電熱能熔解 0℃的冰約若干公克？　(A)825　(B)1.8×10^2　(C)1.8×10^3 (D)1.8×10^4　克。（$E=Pt=IVt=I^2Rt=(V^2/R)t$，冰熔解熱為 80 卡／克）

( ) 7. Kwhr 是輸出功率為一千瓦特的電熱器作用一小時所消耗的電能，為一電度，500w（瓦特）輸出功率的電熱器，連續使 24 小時，求其耗費若干焦耳的電能？　(A) 4.32×10^7　(B) 8.64×10^7　(C) 1.29×10^8 (D)1.72×10^8　J（焦耳）。（$P=E/t=IV$、$V=IR$）

( ) 8. 若 4.2 元／電度，前題其耗費的電費約若干元？　(A)50.4　(B)68.4 (C)100.8　(D)124.6（電度＝千瓦小時＝Kwhr）

( ) 9. $1m^3$ 的水，其質量 $m=1\times10^3kg$，若水庫以 $2\times10^4m^3/5$ 的出水速度洩洪，水庫到下方發電場的垂直高度是 80 公尺，求水庫可提供若干（千瓦）kw 的發電量？　(A) 8×10^9　(B) 1.6×10^7　(C) 8×10^{10} (D)1.6×10^{10}　千瓦。（$E=mgh$，g 值均以 10 m/s² ）

近代物理發展

8.1 近代物理及量子力學的演變和要點

1. 1859 年，克希荷夫(Kirchhoff, 1824~1887)提出了黑體輻射的概念。他指出理想的輻射物體可以吸收所有波長的輻射。

2. 1864 年，馬克士威爾(Maxwell, 1831~1879)提出電磁學方程組，是一組描述電場（高斯定律）、磁場與電荷密度（法拉第定律）、電流密度（安培定律），表明磁單極子不存在的高斯磁定律，各方程式之間偏微分方程式的關係。說明電流和時變電場怎樣產生磁場的，預測電磁波的存在並計算其速度。最後 γ 射線、X 光、紫外光、可見光及紅外光、無線電波、被認為是一種電磁波，所以電磁波譜被稱為馬克士威爾彩虹。愛因斯坦本人盛讚了馬克士威爾，稱其對物理學做出了「自牛頓時代以來最深刻、最有成效的變革。在電磁學領域的功績實現了物理學自牛頓後的第二次統一」。

3. 1883 年，愛迪生(Thomas Edison, 1847~1931)發明電燈、發現愛迪生效應及真空管。

4. I887 年，海因里希‧赫茲(Heinrich Hertz, 1857~1894)發現了光電效應的現象。他們發現當某些物質受到可見光或紫外線照射時，它們的表面將釋放出陰極射線，即電子。

圖 8.I　電磁波圖（馬克士威爾彩虹）

5. 1895 年，倫琴(Rontgen, 1845~1923)在研究真空管的放電現象時，他發現了未知的光。這種光穿透玻璃讓底片感光，稱其為 X 射線。

6. 1896 年，貝克勒爾(Becquerel, 1852~1908)首次發現鈾鹽內的自然放射性。

7. 1898 年，居里夫婦(Pierre and Marie Curie)來自瀝青研究，第一個發現自然放射性元素。經過研究，人們知道這是原子核內部衰變發出的輻射，其穿透力比 X 射線強，從礦山中提取了新的更具放射性的元素－釙和鐳。

8. 1897 年，約瑟夫‧湯姆森(Sir Joseph John Thomson, 1856~1940)發現陰極射線是由帶負電的粒子（稱為電子）組成，並測量了電荷和質量。

9. 1900 年，普朗克(Planck, 1858~1947)使用能量不連續的假設，研究黑體輻射提出「量子論」能量不是連續的，而是一堆孤立的量，稱為「量子」。現在一般都將普朗克稱為量子論的始祖，1900 年稱為量子元年。

10. 1905 年，愛因斯坦(Einstein, 1879~1955)發表了以下三篇物理學論文：
    (1) 第一篇：擴展了普朗克的量子概念，認為光是一種具有波和粒子的雙重性質，具有「光子」的量子性質。如果要產生光電子，則照射光的頻率必須大於臨界值。每種金屬有不同的頻率閾值。如果光強度小於此頻率，則不會產生光電子，這將對後來的科學界產生深遠的影響。並成功地解釋了當時使物理學家感到困惑的「光電效應」。
    (2) 第二篇：討論了布朗運動，認為懸浮液中粒子的之字形運動是由於周圍分子的撞擊而產生的，三年後，這一現象得到了法國物理學家費林(Perrin)的實驗證實。
    (3) 第三篇：「狹義的相對論」，所有運動都是相對的，甚至「時間」的度量都是相對的。推論出光是物體速度的上限。當物體的速度增加時，其質量也會增加。同時，提出了質能交換公式為：$E = mc^2$（c 是光的速度）

11. 1911 年，拉塞福(Rutherford)用鐳射出的 α 粒子向金箔射擊的散射實驗而提出行星式原子模型。拉塞福稱 α 粒子就是氦(He)的原子核。同年密立根(Robert Millikan)通過「油滴實驗」獲得了電子質量，並通過實驗證實了愛因斯坦的光電效應。

12. 1913 年，波爾(Bohr, 1885~1962)結合傳統的牛頓力學和革命性的普朗克和愛因斯坦量子理論，提出了一種創新的原子模型，現在稱為波爾原子模型，電

子被部分偏轉，確認原子核的存在，並設想了原子中心，物理學的發展中，電子依據角動量量子化的原理已經發展起來，它只能在許多允許的軌道上繞原子核運動。當電子從高能軌道轉移到低能軌道時，多餘的能量將以「光子」的形式發射。並準確計算出光譜線的位置。

13. 拉塞福稱原子中帶正電的原子核為質子，1923 年，查德威克(Sir James Chadwick, 1891~1974)研究 α 粒子撞擊鈹(Be)的原子核的實驗發現了「中子」。

14. 1923 年，康普頓(Arthur Holly Compton, 1892~1962)提出光子可以轉移能量和動量。他提出的康普頓效應證實，當 X 射線或伽馬射線的光子與物質相互作用時，一旦光子失去能量，它們將導致波長變長。光子獲取能量並引起波長變短的現象。這種效果不僅反映了光的波動性，而且還表明光在某些情況下表現出顆粒現象。這是光電效應之後成為光量子理論的另一個重要實驗基礎。

15. 1924 年，德布羅意(Louis de Broglie, 1892~1987)提出了物質波理論，即「波粒子二重性」理論並於 1927 年得到證實。

16. 1926 年，薛丁格(Erin Schrodinger, 1887~1961)提出波函數，量子糾纏及薛丁格的貓，解釋量子間的關係。

17. 1932 年，海森堡(Werner Heisenberg, 1901~1976)提出除原子核中內核子之間因庫倫力相互排斥作用之外，也有互相吸引的強作用的存在，也提出電子的測不準原理。

18. 1935 年，湯河(Yukawa, 1907~1981)假想原子核內核子之間的強作用力，是由於交換了一種稱為介子(Meson)的微小粒子而引起的。1937 年，在宇宙射線中發現了這種稱為 π 介子的粒子。

19. 1938 年，貝特(Bethe, 1906~2005)提出太陽能是來自其內部的氫融合的理論。

20. 1947 年三位貝爾研究室的物理學家休克萊、巴定和布拉定發明了固態放大器稱為半導體。

21. 1954 年，費米(Fermi, 1901~1954)建造第一座原子核反應爐，可以人工控制鈾原子核分裂的連鎖反應。

22. 1963 年，蓋爾‧曼(Gell-Mann, 1929~2019)提出了夸克(quark)理論，認為質子或中子等類的粒子由三個夸克組成，介子由一個介子由一個夸克和一個反夸克所組成。

8.2　現代科技光及電磁學的產品

真空管發展成光電倍增管、電視陰極管(cathode ray tube)及電子顯微鏡。

表 8.2　光學顯微鏡及電子顯微鏡的原理及解像能力

項目	光學顯微鏡	穿透電子顯微鏡
光源	可見光（陽光或燈光）	電子束（高壓放出之熱電子）
介質	空氣和玻璃	高度真空(10^{-6}torr)
透鏡	玻璃透鏡	電磁透鏡
放大作用	玻璃透鏡作用	電磁場之透鏡效應
加強放大系統	目鏡	中間鏡
影像放大	鏡物與目鏡之配合	物鏡，目鏡固定，中間鏡之調整
試樣	厚度數μ至數 cm 可	厚度需小於 1000Å
影像觀察	眼睛直接於目鏡上觀察	投射於螢光幕上再觀察
焦點調整	上下調整物鏡	調整物鏡之磁場強度
直接倍率	極限值為 2500 倍	目前可以放大至 50 萬倍
解像能力	約 2000 Å（極限值）	約 2 Å

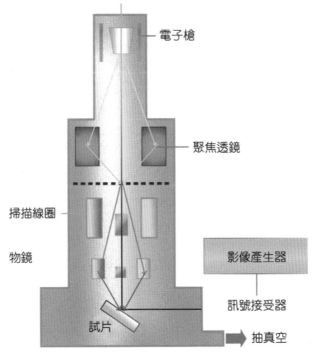

圖 8.2　掃描電子顯微鏡

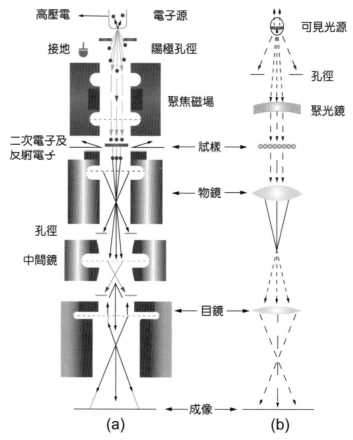

圖 8.3 (a)穿透電子顯微鏡與(b)光學顯微鏡系

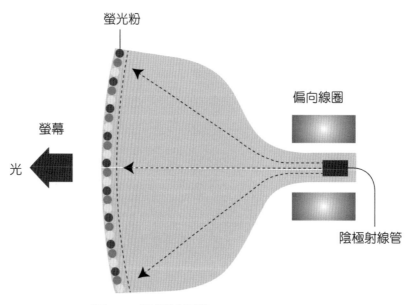

圖 8.4 電視陰極管(cathode ray tube)

8.3 現代科技檢驗儀器

8.3.1 磁共振造影成像 (Nuclear magnetic resonance image, NMRI)

通常用於腦部、頸部、脊柱、心臟、血管、神經、腹部器官、退化及先天異常等的病變診斷，尤其是它的高解析度和 3D 立體的分辨率，對於較小的疾病或腫瘤，更有利醫師鑑別診斷，但並非所有狀況都可以用磁共振造影成像。人們裝有心律調節器，金屬性人造心臟瓣膜和各種電子傳導器，它會受到磁場干擾的影響，而不適合使用。

8.3.2 CT、MRI、PET 指的是什麼？

一、電腦斷層掃描攝影(computed tomography, CT)

可以分為胸部電腦斷層、螺旋電腦斷層、多切電腦斷層。最合適使用的是頭部、耳鼻喉、胸腔、骨盆腔、脊椎骨、骨關節等。需要使用它來評估化療前後的治療效果。手術前後的癌症追蹤，但要小心，已經懷孕的婦女，在掃描之前，一定要讓醫生或放射操作技術員知道。

低劑量 CT，低劑量電腦斷層掃描攝影(low dose computed tomography, LDCT)雖然目前低劑量 CT 每次檢查費用高，但不久可能跟超音波做肝癌篩檢一樣便宜及普及，日後可成為肺癌高危險群的篩檢工具。過去用胸部 X 光及痰液檢查，都無法達到降低肺癌死亡率的目標，不適合當成肺癌篩檢工具。近年來，低劑量電腦斷層(LDCT)被視為能早期發現肺檢者，可降低 20%肺癌死亡率及 6.7%整體死亡率。低劑量 CT 雖能揪出 0.2 公分以下的肺癌極小病灶，但外界質疑低劑量 CT 恐有偽陽性過高疑慮，讓民眾成天活在罹患肺癌的恐懼陰影下。肺癌權威表示，「低劑量 CT 偽陽性高是錯誤觀念，因儀器不會告訴你得到肺癌，而是告訴你有無病灶」，是否罹癌須由醫師判斷，確診與否有一定的流程及判斷標準。即使影像看到異常，最重要的是追蹤病灶有無變大，多久時間變大，因為短時間病灶長大，與 1 年病灶變大的意義不同，肺癌風險也有差異。

二、核磁共振攝影(Nuclear magnetic resonance image, MRI)

　　將人體置於一個強磁場中，利用人體水分子與外在磁場共振的共振原理。在外部磁場作用下，圖像由 R 釋放的能量產生，可以在短時間內從掃描圖像中清楚人體全身各個部位的結構組織。醫生立即可進行準備評估。最常用的檢查是頭部、腦血管和脊椎、腹部器官、子宮和卵巢、前列腺、淋巴結節和心臟，心臟血管、血管造影、骨科關節肌肉和其他疾病。

三、正子造影檢查(PET)

　　正子造影使用氟-18 脫氧葡萄糖(FDG)進入細胞，模擬葡萄糖的初步糖代謝，觀察癌細胞攝入，消耗多餘的葡萄糖來診斷癌症的現象。雖然良性組織也可以增加葡萄糖的新陳代謝，但癌細胞攝入食用葡萄糖通常遠高於良性組織。因此正子造影應使用在癌症診斷，分期和追蹤。

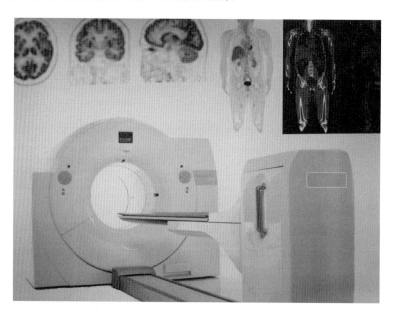

圖 8.5　正子造影機器及結果

　　圖 8.5 是正子(PET)造影機器，正子(PET)造影機器與 CT、MRI 的外表都很類似。

實驗 1　**向量加法**

一、原理

給定二個向量 $\vec{A}$、$\vec{B}$，如何定義 $\vec{A}+\vec{B}$ 呢？

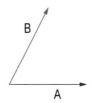 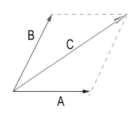 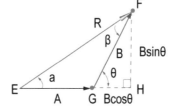

三角形 EFH (ΔEFH) 中

$$\overline{EF}^2 = \overline{EH}^2 = \overline{FH}^2 = \left(\left|\vec{A}\right| + \left|\vec{B}\right|\cos\theta\right)^2 + \left(B\sin\theta\right)^2$$

$$= \left(A^2 + 2AB\cos\theta + B^2\cos^2\theta\right) + B^2\sin^2\theta$$

$$= A^2 + B^2\left(\cos^2\theta + \sin^2\theta\right) + 2AB\cos\theta$$

因為 $EF^2 = C^2$，$\cos^2\theta + \sin^2\theta = 1$

所以 $C^2 = A^2 + B^2 + 2AB\cos\theta$

$$C = \sqrt{A^2 + B^2 + 2AB\cos\theta}$$

三角形法或平行四邊形法（可用位移為模型）　設 $\vec{a} = \left|\vec{A}\right|$ 與 $\vec{b} = \left|\vec{B}\right|$，使得 $\vec{a}$ 的終點與 $\vec{b}$ 的始點為同一點，定義 $\vec{a}+\vec{b} = \vec{b}+\vec{a}$。（$\vec{A}$ 的始點指向 $\vec{B}$ 的終點）

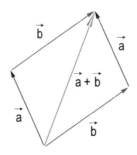

兩向量沒角度時，好像汽車追撞或對撞

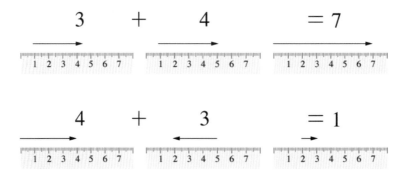

兩向量夾角 90 度時：

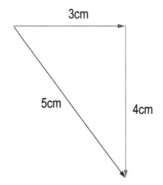

二、目的

人類沿著活動場域一段時間，算出來大部分都是速率(speed)，而非速度(velocity)，物理嚴格定義速度、力及力矩等向量，主要是解決向量加法、減法及乘法等互相影響運算的方式及結果。

向量加法的結果是平行四邊形中間的那一條 $\vec{a}+\vec{b}$。

三、方法

1. 利用軌道小汽車自高度(n_1)處下滑，可得速度($v_1 = 2gh_1$)另一軌道小汽車自 h_2 處下滑得 $V_2 = 2gh_2$，二車以一角度斜撞，對撞及追撞，可得結果與公式比對。

2. 小汽車換成水銀顆粒，撞後合而為一可量結果長度與公式比較。

3. 直接以尺及量角器量繪圖測結果與公式演算結果比對。

習 題

設兩向量 $\vec{A}$ 及 $\vec{B}$，其大小分別為 3 單位（3 公分）及 4 單位（4 公分），試用量角器、尺的作圖法及向量加法公式（ $C = \sqrt{A^2 + B^2 + 2AB\cos\theta}$ ），分別求其和向量，並核對其結果

(1) $\vec{A}$ 及 $\vec{B}$ 的夾角為 30 度

(2) $\vec{A}$ 及 $\vec{B}$ 的夾角為 120 度

(3) $\vec{A}$ 及 $\vec{B}$ 的夾角為 160 度

(4) $\vec{A}$ 及 $\vec{B}$ 的夾角為 135 度

※ 向量一般以上標的箭頭來表示，例如以 $\vec{V}$ 或粗字 **V** 或 V 來表示速度

※ 運動學或力學的向量有：位移向量、速度、加速度、力、力矩（ $\vec{p}$, $\vec{V}$, $\vec{a}$, $\vec{F}$, $\vec{\tau}$ ）等等

英中文名稱	符號	公式／複雜公式	SI 導出量單位	另外單位
Velocity 速度	$\vec{V}$ 或 V	速度＝位移／時間 $\vec{V} = \Delta\vec{p} / \Delta t$	m/s	公尺／秒
Acceler-ation 加速度	$\vec{a}$ 或 a	加速度＝速度變化／時間 $\vec{a} = \Delta\vec{V} / \Delta t$	m/s^2	公尺／秒 ^{2}
Force 力	$\vec{F}$ 或 F	力＝質量×加速度 $\vec{F} = m\vec{a}$	kg m/s^2	牛頓 N，Newton
Work 功	W	功＝力・位移 $W = \vec{F} \cdot \Delta\vec{p} = F \times p \times \cos\theta$	kg m^2/s^2	焦耳 J，Joules
Torque 力矩	$\vec{\tau}$ 或 τ	$\vec{\tau} = \vec{F} \times \Delta\vec{p} = F \times p \times \sin\theta$	kg m^3/s^2	牛頓・米(N・m)
Power 功率	P	功率＝功／時間 $P = \Delta W / \Delta t$	kg m^2/s^3	瓦特 W，Watt

實驗 2 三用電表

　　初看到數位式三用電錶，感覺容易辨認數字、操作簡單，但是也容易出錯，且出錯後不易發現。所以也時常要校正。類比式三用電錶不易看懂，一旦學會後就能舉一反三，對電學有更廣的了解，因為所有的學問都在面板、操作說明與使用方法上。

一、類比式三用電錶各部名稱

① 指示器歸零調整鈕。

② 擋數選擇鈕。

③ 測量插孔 "+"。

④ 測量插孔 "-COM"。

⑤ 輸出插孔。

⑥ 0Ω 調整鈕。

⑦ 指示器指針。

圖 I　數位及類比式三用電錶，正在測試家庭用電壓

二、類比式三用電錶使用方法

測量擋及刻度讀數如圖 1 所示。

1. Ω電阻：

   ×1 擋直接量出 0.2Ω~2kΩ。×10、×1K、×10K 擋應和指針讀數相乘。

2. DCmA 直流電流：

   0.25A、25mA、2.5mA、50μA 各擋。注意有 A、mA、μA 之不同，$\mu A = 10^{-6} A$、$mA = 10^{-3} A$。

3. DCV 直流電壓：

   10V、50V、250V 擋配合指示板 10V、50V、250V 直接讀出。

   0.1、0.5、2.5、1000 擋須配合 10V、50V、250V、10V 乘以饗倍數因數讀出。如 0.1 擋看 10V 刻度若指針在 $8 \times 0.1 / 10 = 0.08V$。

   又 1000 擋也看 10V 刻度指針在 8 時即為 $8 \times 1000 / 10 = 800V$。

4. ACV 交流電壓：

   1000、250、50、10 各擋如同 3.DCV 中所述。

5. 反射鏡：

   為讀數精確，指針本身和他在反射鏡中之像重合時（以單眼觀察）為指針正確位置。

三、使用注意事項

1. 測試各擋時應從大讀數擋先量起，再逐次換至小讀數擋（如 250→50→10⋯）直到指針位置刻度板中央附近時為止，需隨時注意不可讓指針超出全刻度。

2. 測試棒黑色插入 "– COM" 端；紅色插入 "＋" 端。

3. 測量電阻時，讀數由右 "0" 至左 "∞"。且每換一擋使須用 0Ω 調整鈕注意規零。

4. 用電阻 "Ω" 擋測試時電阻不可和任何電源連接，又絕不可用電阻擋去量電壓或電流。

5. 先選擇好擋數選擇鈕位置無誤再進行測試。

6. 測電壓時和電路並聯。測電流時和電路串聯。

7. 測直流電壓 DCV 時紅色測試棒接正極，黑色接負極

8. 停止使用時應將擋數選擇按鈕調至 OFF 擋處。

9. 未熟練前不可測試 220V 高壓電。

10. 例：測試 DC 3V 之電池電壓。

① 先選制 DCV 200 處。

② 測試棒紅色接正極，黑色接負極。

③ 調至 50 擋重作。此時指針讀數未達到 10V

④ 再調至 10 擋重作，得出 3V 電壓。

實驗 3 **克希荷夫定律實驗**

一、目的

了解克希荷夫定律的原理及在直流電路上的應用。

二、方法

將一個或兩個直流電源與三個電阻組相連而得到－網路。分別量販店路中的電流與電位差，並與理論值比較，籍以驗證克希荷夫定律。

三、原理

在簡單電路中電流與電壓的關係，可由歐姆定律決定。但在較為繁複的電路中，若欲計算各種分電流，電壓與電阻的官關係，則需使用克希荷夫定律，才方便利演算。克希荷夫定律又分為電流定律與電位差定律。

（一）電流定律

從電路中任何一個接點來看，流入接電流總量等於流出電流總量。

如果規定流入接點的電流方向為正，流出為負，則可說通向接點各電路的電流為零。即 $\sum I = 0$

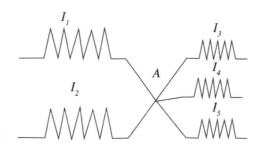

如圖所示，有五電路交會於 A 點，I_1、I_2 是入流接點 A，I_3、I_4、I_5 是流出接點 A，所以

$$I_1 + I_2 - I_3 - I_4 - I_5 = 0$$

其實正負規定是任意的，但對每一個電路而言，所有的規定必須前後一致。假如流入接點的電流不等於流出的電流，那麼在接點上就要堆積越來越多的電荷了，所以電流定律顯而易見必定成立的。

（二）電位差定律

電路中任何一個迴路，其電動勢的總和等於電為降(IR)的總和

即　$\sum E = \sum IR$

次	電源		電阻			電位差			電流			計算值		
數	E_1	E_2	R_1	R_2	R_3	V_1	V_2	V_3	I_1	I_2	I_3	I_1'	I_2'	I_3'
1														
2														
3														

電路（忽略電池的內電阻）

設流經 AB、DC、FG 的電流各為 I_1、I_2、I_3，方向如圖示，則對 C 點而言

$$I_1 + I_2 - I_3 = 0 \tag{1}$$

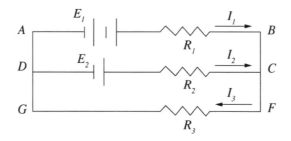

迴路 ABCDA

$$E_1 - E_2 = I_1 R_1 + I_2 R_2 \tag{2}$$

迴路 DCFGD

$$E_2 = I_2 R_2 + I_3 R_3 \tag{3}$$

從方程式(1)、(2)、(3)解得

$$I_1 = \frac{(R_2 + R_3)E_1 - R_3 E_2}{R_1 R_2 + R_2 R_3 + R_3 R_1} \tag{4}$$

$$I_2 = \frac{(R_1 + R_3)E_2 - R_3 E_1}{R_1 R_2 + R_2 R_3 + R_3 R_1} \tag{5}$$

$$I_3 = \frac{R_2 E_1 + R_1 E_2}{R_1 R_2 + R_2 R_3 + R_3 R_1} \tag{6}$$

如果圖中的電池 E 短路（即），則式(4)(5)(6)變為(7)(8)(9)

$$I_1 = \frac{(R_2 + R_3)E_1}{R_1 R_2 + R_2 R_3 + R_3 R_1} \tag{7}$$

$$I_2 = \frac{-R_3 E_1}{R_1 R_2 + R_2 R_3 + R_3 R_1} \tag{8}$$

$$I_3 = \frac{R_2 E_1}{R_1 R_2 + R_2 R_3 + R_3 R_1} \tag{9}$$

單電源結果：

次數	電源	電阻			電位差			電流			計算值		
	E_1	R_1	R_2	R_3	V_1	V_2	V_3	I_1	I_2	I_3	I_1'	I_2'	I_3'
1													
2													
3													

實驗 4　**共鳴管實驗**

一、目的

測聲音在空氣中傳播的速度，再由速度求待測音叉之頻率。

二、原理

波傳遞時，依介質的振動方向與波前進方向，可分為橫波和縱波兩種。將石塊丟入湖中產生水波（橫波），但是無法將湖中的垃圾沖至岸邊蒐集，因為水波的介質振動方向和波前進方向是垂直的，此種波稱為橫波，其他的橫波有繩波、光波和電磁波。而介質振動方向和波前進方向平行的波，稱為縱波，例如：聲波、彈簧波。

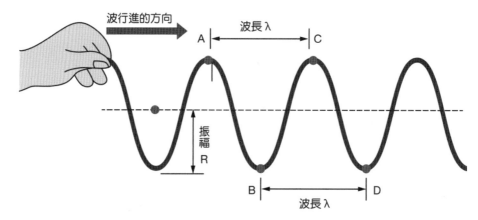

圖 1　橫波（繩波或水波）的行進及波長

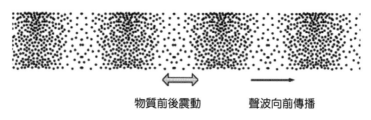

圖 2　縱波（聲波）的行進

聲波是一種縱波；空氣中的聲波是因為空氣分子受到聲源的擠壓或其他作用，而使局部空氣壓力不均勻，因而引發空氣分子的擾動。在空氣中的粒子振動時，會產生一壓縮區和稀薄區不斷交替排列的粒子分布，如圖 2 所示。

　　波速與波之頻率及波長、振幅無關：在同一介質中傳遞的週期波，例如在空氣中的聲波，其波速 v 與波長 λ 及頻率 f 的關係為 $v = \lambda \cdot f$，所以要求空氣中的聲速，可求出一波的波長及頻率，則波速 v 即可由上式求出。

　　聲速與溫度的關係：聲速與溫度間的關係為 $v = 331.4 + 0.6t$，其中 t 為攝氏溫度，但此式只有在溫度不高時才正確。

　　縱波（聲波）的波形不易判斷，所以以橫波波形來表示，發現

$$共鳴位置在 \quad l_n = (2n-1)\frac{\lambda}{4}$$

　　即第一 $(n=1)$；第二；$(n=2)$；第三 $(n=3)$ 點的共鳴點，帶入為

$$l_1 = \frac{\lambda}{4}\lambda \ ; \ l_2 = \frac{3}{4}\lambda \ ; \ l_3 = \frac{5}{4}\lambda$$

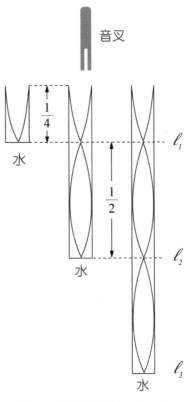

圖 3　共鳴位置在 l_1；l_2；l_3

三、實驗方法

　　利用音叉在其開口端附近敲擊，當水位移動到適當位置 l_1 而使管子與音叉產生共鳴，這時即是因管中的條件（如圖 3）因為使用的音叉頻率固定，所以其波長是一定值，所以當我們再由連通管移動水位時，可以再找到一相鄰之共鳴位置 l_2。

　　由圖 3 中可看出波長 $\lambda = 2 \cdot (l_2 - l_1)$，若已知音叉頻率為 f，則此溫度下音速 v，便可由 $v = \lambda \cdot f$ 式求得，由聽覺知道量測玻璃管內聲音的大小，從而判斷是否已達成共鳴狀況。

1. 空氣中的聲速

標準音叉之頻率 $f = 512$ Hz								
共振位置	氣柱增長時			氣柱減少時			氣柱平均值	波長（cm，公分）	聲速 cm/s
	1	2	3	1	2	3		λ	$v = f\lambda$
1							$\ell_1 -$	$2(\ell_2 - \ell_1) -$	
2							$\ell_2 =$	$2(\ell_3 - \ell_2) =$	
3							$\ell_3 =$	$\ell_3 - \ell_1 =$	

2. 待測音叉之頻率

例如：							室溫 $= 25°C$		
聲速理論值 $= 331.4 + 0.6 \times 25 = 346.4 \, m/s = 34640 \, cm/s$									
共振位置	氣柱增長時			氣柱減少時			平均值	波長（cm，公分）	音叉頻率
	1	2	3	1	2	3		λ	$f = v/\lambda$
1							$\ell_1 =$	$2(\ell_2 - \ell_1) =$	
2							$\ell_2 =$	$2(\ell_3 - \ell_2) =$	
3							$\ell_3 =$	$\ell_3 - \ell_1 =$	

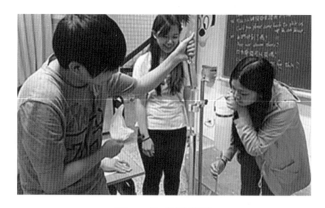

圖 4　共鳴管實驗

附錄 1・希臘字母表 (Greek Alphabets)

大寫	小寫	讀音	大寫	小寫	讀音	大寫	小寫	讀音
A	α	alpha	I	ι	iota	P	ρ	rho
B	β	beta	K	κ	kappa	Σ	σ, ς	sigma
Γ	γ	gamma	Λ	λ	lambda	T	τ	tau
Δ	δ	delta	M	μ	mu	Y	υ	upsilon
E	ε	epsilon	N	ν	nu	Φ	φ	phi
Z	ζ	zeta	Ξ	ξ	xi	X	χ	khi
H	η	eta	O	o	omicron	Ψ	ψ	psi
Θ	θ	theta	Π	π	pi	Ω	ω	omega

附錄 2・常用單位表

光速	C	3×10^8	m/s
質子質量	m_p	1.67×10^{-27}	kg
電子質量	m_e	9.11×10^{-31}	kg
電子（質子）電量	Q	-1.6×10^{-19}	C（庫倫）
萬有引力常數	G	6.67×10^{-11}	$m^3/kg\ s^2$
亞佛加厥常數	N_0	6.02×10^{23}	No./mole（個／莫爾）
玻茲曼常數	k	1.38×10^{-23}	J/K（焦耳/ K）
庫倫常數	k	9×10^9	N m^2/C^2（牛頓（公尺）^{2}／庫侖^2）
真空磁導率	μ_0	$4\pi \times 10^{-7}$	Tm/A（特斯拉-公尺／安培）
真空介電常數	ε_0	8.84×10^{-12}	C^2/ N m^2（庫侖^2／牛頓（公尺）^{2}）
卜朗克常數	h	6.625×10^{-34}	Js（焦耳-秒）
理想氣體常	R	0.082	atm L/mole K（大氣壓-升／莫爾-K）
		8.317	J/mole K（焦耳／莫爾-K）

MEMO

國家圖書館出版品預行編目資料

基礎物理/王力行,胡振祿,卓達雄編著.--初版.--新北市：
新文京開發出版股份有限公司, 2021.12
面； 公分

ISBN 978-986-430-796-8（平裝）

1. 物理學

330 110020225

基礎物理 （書號：E451）

編著者	王力行　胡振祿　卓達雄
出版者	新文京開發出版股份有限公司
地址	新北市中和區中山路二段 362 號 9 樓
電話	(02) 2244-8188（代表號）
FAX	(02) 2244-8189
郵撥	1958730-2
初版	西元 2022 年 01 月 01 日

建議售價：330 元

法律顧問：蕭雄淋律師

ISBN 978-986-430-796-8

New Wun Ching Developmental Publishing Co., Ltd.

New Age · New Choice · The Best Selected Educational Publications — NEW WCDP